CHENG DU

成都老字号

民间记忆里的成都商业剪影

四川省社会科学规划项目（普及项目）
立项编号：SC18KP027

四川大学出版社

项目策划：曾　鑫
责任编辑：曾　鑫
责任校对：李金兰
封面设计：董春丽
责任印制：王　炜

图书在版编目（CIP）数据

成都老字号 / 雷位卫主编. — 成都 : 四川大学出版社, 2019.12（2023.9 重印）
（老成都. 记忆匣子）
ISBN 978-7-5690-3438-7

Ⅰ. ①成… Ⅱ. ①雷… Ⅲ. ①老字号—介绍—成都 Ⅳ. ①F279.277.11

中国版本图书馆 CIP 数据核字（2020）第 014533 号

书名　成都老字号
CHENGDU LAOZIHAO

主　　编	雷位卫
出　　版	四川大学出版社
地　　址	成都市一环路南一段 24 号（610065）
发　　行	四川大学出版社
书　　号	ISBN 978-7-5690-3438-7
印前制作	成都木简文化
印　　刷	永清县晔盛亚胶印有限公司
成品尺寸	146mm×208mm
印　　张	6.625
字　　数	158 千字
版　　次	2020 年 7 月第 1 版
印　　次	2023 年 9 月第 2 次印刷
定　　价	48.00 元

◆ 读者邮购本书，请与本社发行科联系。
电话：(028)85408408/(028)85401670/
(028)86408023　邮政编码：610065
◆ 本社图书如有印装质量问题，请寄回出版社调换。
◆ 网址：http://press.scu.edu.cn

四川大学出版社
微信公众号

四川省社会科学规划项目（普及项目）
立项编号：SC18KP027

《成都老字号》编辑委员会

主任： 邱小平

编委： 王　军　邱小平　雷位卫　王大明　谢光治　王大炜
曾　鑫　魏　柯　王　鑫　段悟吾　李金兰

主编： 雷位卫

撰稿： 雷位卫　王大明　谢光治　王大炜

照片提供： 王大明　陈　文　谢光治

美术编辑： 董春丽

序

每个城市都有自己的老字号，人们了解某个城市，往往是从老字号开始的——可能是一次回味无穷的味觉体验，也可能是一件趁手耐用的生活用品，一剂药到病除的良药，一套美观合适的衣饰……全聚德北京烤鸭、张小泉剪刀、同仁堂、恒源祥，等等，数不胜数。这些老字号和城市共生共长，血脉相连，城市得之为幸，市民得之为福。“石蕴玉而山辉，水怀珠而川媚”，老字号就像美玉与珍珠，镶嵌在城市的大街小巷，以市民高度的认同感与忠诚度，延续着城市的文脉，成为丰厚的城市文化资源与雅致的城市名片，它们在历史长河中不断磨砺，在现代社会里依然散发着熠熠光芒。

成都作为一个悠久历史的商业城市，曾有过“扬一益二”的美誉，曾有过“市廛所会，万商之渊。列隧百重，罗肆巨千。贿货山积，纤丽星繁”的繁华，到了近现代，成都涌现出的老字号灿若繁星：赖汤圆、钟水饺、龙抄手、夫妻肺片、耀华餐厅、太和号酱园、陈同仁堂、德仁堂、庚鼎药房、萧集翰、泰三堂……这些老字号，老成都人都耳熟能详。不少人多多少少和这些老字号打过交道，熟悉的店面和招牌、温馨的服务、实惠的产品，抑或是一幅照片、一页广告、一张包装纸，都能不断唤起他们对老字号饱含深情的记忆。

成都的老字号与其他地方的老字号一样，都是以优质的产品和服务，赢得市场的尊重，受到顾客的拥戴，一代代传承下来，并发扬光大。当然，也有一些老字号，在社会变迁和市场的激烈竞争之下，失去了往日的活力，逐渐式微，有些已经令人遗憾地消失了。抚今追昔，难免有一番感叹。如何让这些老字号的“身影”得以再现，让更多人了解它们，就成为《成都老字号》编写的初衷。幸而有一批老成都人，他们对这座城市充满了感情，在他们的记忆里，珍藏着成都老字号的历史；他们的藏品柜里，收藏着成都老字号的各种实物，足以借此触摸到老字号历史的温度。将这些整理出来，就构成了《成都老字号》的大致内容。四川大学出版社将《成都老字号》的出版，视为介绍天府文化的重要作品，历时一年，精心打造，终于让本书和读者们见面。

可以说，每一个老字号的出现和传承都有自己的缘由。它们在长期的市场打拼中，积累了丰富而独特的生存策略与经营诀窍，如何提高产品和服务的技艺，如何诚实守信与顾客进行沟通，这些在现代商业社会也是弥足珍贵的经验。因此，对本书的撰写，不仅仅是对老成都历史的回顾或者凭吊，我们希望能抛砖引玉，吸引更多的人对老成都的商业历史、商业形态、经营策略等进行深入的研究。在信息化时代，我们应重新审识老字号的商业价值和文化价值，加以更好的活态保护、开发利用，进行有关老字号的博物馆建设，非遗技艺传承，城市景观与空间营造，体验式文旅场景打造，文创产品与影视、游戏开发，城市品牌传播，等等，使这一城市的瑰宝，体现出更大的价值。

《成都老字号》中所涉及的“老字号”，并不仅仅是二十世纪九十年代评出的“中华老字号”，还包括了很多近现代以来，在老百姓心目中“约定俗成”的老字号。全书共分成都老字号诞生背景、成都老字号的经营特征和经营手段、成都老字号举要三个部分。本书不是研究论著，而是大众通俗读物，但在内容上，对相关的史料进行“爬梳剔抉，参互考寻”，实地走访部分老字号的后人，讲求言之有据；形式上则力求厚重、典雅，书中收藏大量老字号的老广告、老包装、老照片，十分珍贵，也非常美观。当然，这样一本小书，远不能囊括成都所有的老字号，希望能够在此之后，我们努力推出后续的系列图书。我们相信，对天府文化尤其是成都商业文化有兴趣的读者，或者是热爱这座城市的其他成都人、外地人，一定会在里面寻到自己的兴趣点的。

目录

01 | **第一章　成都“老字号”诞生的背景**

03 | 第一节　万商之渊：古代成都商业

11 | 第二节　晚清到民初的商业图景

15 | 第三节　抗战时期的成都商业

19 | 第四节　中华人民共和国成立初期的老字号

23 | **第二章　成都老字号的特征与经营手段**

25 | 第一节　街头的店铺与作坊

27 | 第二节　上规模的老字号

31 | 第三节　老字号的商业秘诀

38 | 第四节　老字号的经营特征

45 | 第三章 老字号举要

47 | 第一节 著名餐饮业老字号

47 | 陈麻婆豆腐
51 | 钟水饺
54 | 龙抄手
58 | 赖汤圆
61 | 努力餐
64 | 芙蓉餐厅
67 | 担担面
70 | 谭豆花
73 | 夫妻肺片
76 | 洞子口张老五凉粉
79 | 耗子洞老张鸭子店
82 | 韩包子
87 | 耀华餐厅

94 | 第二节 著名医药老字号

94 | 成都华洋大药房
101 | 成都萧长兴老号
105 | 成都萧集翰老药房
109 | 成都同仁堂
117 | 德仁堂
124 | 成都庚鼎药房
129 | 益康药房
135 | 泰三堂

140 | 第三节 著名日用品老字号

140 | 太和号酱园
143 | 成都火柴厂
151 | 成都胡开文笔墨庄
158 | 成都墨水厂
161 | 廖广东刀剪铺——石柜台
166 | 申新纺织成都分厂

168 | 第四节 其他老字号

168 | 成都百货大楼
172 | 锦江宾馆
177 | 新华书店大楼
182 | “华美商店”
185 | 红旗剧场
189 | 暑袜街邮政大楼

成都是著名的商业城市，有很多历史悠久、商誉卓著的商铺与商品，这些商铺和商品都在成都市民心目中被尊为“老字号”。这些老字号可以说是成都商业发展史的缩影，也是市民生活的深刻记忆，还是城市的商业文化遗存。现代企划的鼻祖史蒂芬·金曾说：“产品是工厂所生产的东西，品牌是消费者要购买的东西。产品是可以被竞争者模仿的东西，品牌却是独一无二的。产品极易过时落后，但成功的品牌却能长久不衰。”对这些老字号（品牌）加以研究，不但可以探寻到它们长期存在的理由，突出老字号中蕴藏的商业真谛与文化内涵，而且对成都未来的商业经营战略、品牌、企划、创新等都有很好的借鉴意义。

第一章

成都『老字号』诞生的背景

成都市食油票
壹两
1两
1两
成都市粮食管理局制发

第一节
万商之渊：古代成都商业

“蚕丛及鱼凫，开国何茫然”（李白，《蜀道难》）。成都在古代就是商业繁盛之地，二十世纪九十年代中期以来，成都平原发现了宝墩文化遗址、鱼凫文化遗址等多个古城遗址，从这些遗址和大量的出土文物，可以看出，成都平原早在距今4500年前，就处于国家和文明的起源阶段，“成都城市的形成和兴起经历了漫长的过程。最先是聚落，继之演变为市，再新筑为城。”[①]成都平原气候温润，自然条件优越，在古蜀时期农业生产就非常发达。西汉文学家扬雄在《蜀王本纪》中，记载了蜀王杜宇“教民务农”以及开明王鳖灵治水的传说。公元前316年，秦并巴蜀之后，蜀守李冰修建都江堰，极大地减少了水患对农业生产的破

①张学君，张莉红：《成都城市史》，成都：成都出版社，1993年版。

坏，使成都平原成为沃野千里，“水旱从人，不知饥馑，时无荒年，天下谓之天府也”（东晋·常璩，《华阳国志》）的天府之国。

秦并巴蜀后，成都农业和手工业生产得到了充分的发展，物质丰富，城市规模逐渐扩大，商品交换也频繁起来，商业开始繁荣。《华阳国志》就记载“赧王四年，惠王二十七年，仪与若城成都，周回十二里，高七丈；郫城周回七里，高六丈；临邛城周回六里，高五丈。造作下仓，上皆有屋，而置观楼射兰。……修整里阓，市张列肆，与咸阳同制。”从这段记载中，我们可以看到，成都城的规模相当大，筑城时就考虑到了仓库，说明蜀地能够供给官府的粮食极其丰富。这段叙述中还提到，“修整里阓”，说明早在筑城之前，成都已经存在街道和市场。经过张仪和张若的筑城和修整，成都街道的店铺数量大幅增加，其形制、规模和当时秦国的国都咸阳不相上下了。

西汉时期，成都的城市规模和商业更加发达。文学家扬雄在《蜀都赋》中提到“都门二九，四百余闾”。古代以二十五家为一闾，四百余闾即有一万家之多。而且明确指出了成都市场的所在，是城南临近郫江和检江的地方——“两江珥其市，九桥带其流”。成都出土的“汉市画砖”，显示“北市”四面有门，门内纵横主道，排分四个区，每个区各有肆楼三列，共有十二街，可以看出当时成都市场的规模。成都的手工业以制盐、冶铁、金银工、漆工、丝织等最具有名气，在全国有相当影响力。以蜀郡临邛县（现今邛崃市）的制盐业来说，生产力已发生了很大的变革——改柴火煮盐为火井（天然气）煮盐（西晋·左思，《蜀都赋》）。据史料记载，这种火井煮盐，比老式的柴火煮盐效率高得多。用柴火煮盐水一石，仅得盐二三斗；改用火井煮盐，一石盐水可得盐四五斗。至今邛崃市境内，还有火井遗址。据《汉书·货殖传》记载，秦代巴郡的寡妇清就靠经营丹砂矿，成为富商，连秦始皇也待之以宾客之礼，还为她修造了一座怀清台。而汉代的卓王孙、程郑，都是在蜀地开矿炼铁，铸造铁器，而富甲一方。汉代时全国两大盐商之一的罗裒，有数十万到百万的钱，经常在长安与成都之间经商和放债，数年间聚财千余万。

汉代的商品也非常丰富，质量上乘，布以西蜀为上品，丝织品以蜀都、齐地临淄、定陶为大宗，蜀盐与齐、吴并列。“筩中黄润，一端数金”（西汉·扬雄，《蜀都赋》），就是说蜀布中的精品，是以细麻织成，须防止曝晒和潮湿，以精美的竹筒来包装，价格昂贵，一匹“黄润”蜀布，就要数金。扬雄是蜀人，对成都的了解比较详细，虽然赋的体裁有夸张的成分，但总体来说，其提到的商品名称、价格等应该还是可信的。“雕镂扣器，百伎千工。东西鳞集，南北并凑，驰逐相逢，周流往来”（西汉·扬雄，《蜀都赋》），详细地研读扬雄《蜀都赋》，会发现，西汉时期的成都，已经是重要的商业城市。在这里汇聚着南来北往的商人，可以听到南腔北调，手工业工匠们在这里找到自己的立足之地，各种工艺精美的物品大量上市。汉代桓宽的《盐铁论·散不足》记载：“今，富者银口黄耳，金罍玉钟；中者野王纻器，金错蜀杯。”这里的蜀杯就是一种高级漆器。

成都以盛产锦缎而号称“锦城”，丝织业的发展更是具有悠久历史。从成都出土的西周铜戈和战国铜壶的花纹图案上，已可见到蚕的形象，而且还刻画有劳动妇女采桑歌舞的生动图景。

进入汉代，蜀郡织锦业已达到“百室离房，机杼相和”（晋·左思，《蜀都赋》）的兴盛境地，创造了“财用饶赡，蓄积备具”（西汉·扬雄，《蜀都赋》）的繁荣景象。在汉代，成都就与洛阳、邯郸、临淄（今淄博）、宛城（今南阳）等名城同被称为“五都”。

汉代成都对外贸易也非常发达，从国外一些出土文物看，当时的漆器、错金银器、麻织品、金银制品已销到朝鲜等国。汉武帝元朔三年（前126年），张骞出使西域归来向武帝汇报：他在大夏国（今阿富汗）看见了该国从身毒国（今印度）买回的邛竹杖和蜀布。这一记载提供了南方丝绸之路的存在的依据。

晋代的文学家左思在《蜀都赋》中，更是对成都这个商业都市极尽赞美之词：“金城石郭，兼匝中区。既丽且崇，实号成都。……市廛所会，万商之渊。列隧百重，罗肆巨千，贿货山积，纤丽星繁。”成都当时的商业繁荣，街市商品堆积如山，商贾如过江之鲫的景象，令人震撼。

成都还是许多割据一隅的小王朝的都城，东汉时的公孙述、蜀汉时的刘备、前蜀的王建、后蜀的孟知祥等都曾在这里建都。蜀汉时，丞相诸葛亮十分重视水利建设，派出专门的队伍守护都江堰，还开凿了縻枣堰等水利设施。蜀汉时期，城区面积扩大，开设了官市，鼓励农商，商品交易比魏国统治的中原地区还活跃。其军费开支主要依靠锦缎贸易。诸葛亮曾说：“今民贫国虚，决敌之资，唯仰锦耳。”（北宋·李昉、李穆、徐铉等，《太平御览·卷八百一十五·诸葛亮集》）当时主要从事织造的工官户多达1600多户。《中国商业史》中称蜀汉时期，“官营丝织品，一直在西蜀经济占主要地位，远销魏吴，后来并成为支持战争开支的重要资源。”①

“九天开出一成都，万户千门入画图。草树云山如锦绣，秦川得及此间无。”（唐·李白，《上皇西巡南京歌十首》其二）著名诗人李白当年游历成都时，留下了几首脍炙人口的诗篇，把成都的繁华美丽描写得十分动人。隋唐时期，成都经济发达，文化繁荣。成都成为全国有名的大城市，农业、丝绸业、手工业、商业发达，造纸、印刷术发展很快。“蜀绣”为全国三大名绣之一，“蜀锦”被视为上贡珍品，产量全国第一。唐时成都的织锦作坊的“锦院”，有织锦机多台，几百工人分工很细，可以织出三十多种绚丽多彩的蜀锦。其中如采取六色并用的“晕色”生产的“蜀江锦”，就是市场交易中的一种珍品。

成都是中国雕版印刷术的发源地之一，唐代后期，大部分印刷品出自成都。成都除了有全国重要的茶市、蚕市外，还有“草市、竹市”，即分布在邻近地区的乡镇集市。唐代“安史之乱”时，唐玄宗和中原的贵族也到成都避难，甚至把成都改名为“南京”。据《新唐书》中的记载估算：成都的人口，在唐代已达60万以上，竟与长安、扬州并列为全国名城，有“扬一益二”之说。卢求在《成都记·序》中称：“今之推名镇为天下第一者曰扬、益。”唐代的成都市场，不仅手工业品日益丰富，而且增添了许多颇有特色和创新工艺的手工业品，其中，唐宪宗时期侨居成都的女诗人薛涛创制的“薛涛笺”，就是将成都原有的一种松花笺改为十色小笺，这种笺纸面上呈现着布纹或绫绮纹，纸上有各种美丽的图案。用这种小笺书写小诗，既精致美观，又风雅

---

①王孝通：《中国商业史》，北京：团结出版社，2007年版。

脱俗，深受文人雅士的喜爱，成为市场交易中颇有特色的商品，算得上是成都的“老字号”商品。成都的印刷业在唐初，主要印制占卜书、字书小学印本，属于市场交易中的普及品。到五代十国时期，开始由官家精印重要书籍出卖，特别是后蜀主孟昶令人刻制的《九经》，被公认为精品。1944年出土的蜀唐墓中的印本陀罗尼经咒一方，约尺见方，中刻佛像一尊，环绕佛像刊印梵语经文，四边印有各种小佛像，十分精美。其余如秘色窑生产的瓷器，这种瓷器呈现出美丽的雨过天青色，深受时人所爱。杜甫有诗句“大邑烧瓷轻且坚，叩如哀玉锦城传”（唐·杜甫，《又于韦处乞大邑瓷碗》），就是称赞当时大邑一带出产的瓷器，白细轻盈，而又坚实耐用。另外，成都周边的灌县（今都江堰市）、临邛（今邛崃市）等地是著名茶叶的集散地。广大农村蚕桑的发展，还使成都每年春季的蚕市，百货云集，交易兴旺。

宋代的成都，在杨亿的《金绳院记》中曾有这样的描述：“带二江之流，为一都之会，四民州处，万商成渊。”赵抃的《成都古今记》载：成都当时有“正月灯市、二月花市、三月蚕市、四月锦市、五月扇市、六月香市、七月七宝市、八月桂市、九月药市、十月酒市、十一月梅市、十二月桃符市”等。此外，还设有专门的米市、柴市、鱼市、麻市等，今东大街一带还开办有夜市，黄昏摆摊，二更散市。又据《中国商业史》载：“宋神宗熙宁十年(1077年)，全国各地商税额在40万贯以上的有京都（开封）、兴元（汉中）和成都三处。”成都与京都并列，这也是当时成都商业发达的有力佐证。成都市场的日益繁荣，还使其成为世界上最早的纸币发源地。据《宋朝事实》记载，宋真宗时，成都十六户富商开设交子铺，印制“私交子”，在市场上流通，后来，由于这些印制交子的富商滥发交子，使得交子不能兑现，引致官府封闭交子铺。宋仁宗时，于益州设交子务，由官府发行交子，流通范围更为广泛。这种交子，不仅逐步代替了铸钱，而且具有纸币的职能。宋代，中国的封建经济已发展到鼎盛时期，而交子出现在宋代的成都，并不是偶然的。它标志着成都的商品生产和商品交换达到了相当大的规模。

南宋诗人陆游在《汉宫春·初自南郑来成都作》一词中写道："何事又作南来，看重阳药市，元夕灯山？花时万人乐处，欹帽垂鞭。"仅寥寥数语，就道出了南宋时期成都的"三大市"：一是每年农历九月九日（重阳节）举办买卖药材的集市，即词中所说的"重阳药市"；二是每年农历正月十五（元宵节）的灯市，即词中称道的"元夕灯山"；三是每年农历二月的花市（也叫花会），即词中所描写的"花时万人乐处"赶花会的盛况。三大市各有特色，但都具有沟通城乡物资交流，使货畅其流的重要作用。南宋末期，由于蒙古军队几次攻打成都，成都的商业惨遭破坏。元代时，成都的工农业生产与宋代相比，不可同日而语，商业也极度衰落，更谈不上代表性的商品出现了。

到了明代，洪武十一年（1378年）朱元璋封儿子朱椿为蜀王，洪武二十三年（1390年）朱椿就藩成都府。成都成为蜀王的藩地，明政权加强了对蜀地的统治，成都地区的工农业生产和商业恢复起来。如当时的茶叶产量有所增长，蒙山茶、峨眉茶、青城山茶、临邛茶等的产量增多，经成都集散，行销远近各地。据记载，当时成都琉璃厂瓷窑占地达到340亩，生产规模很大，所产的青瓷品种繁多。

明末清初，成都饱受兵燹之苦。清顺治元年（1644年），张献忠二度攻占四川，成都全城被毁，社会动荡不已，加之瘟疫流行，人口锐减，造成了“十室九虚”的状况，四川的巡抚衙署也迁到了保宁府。那时的成都，荒凉破败，在城里居然有老虎出没。这样的境况，人的生存都成问题，遑论商业发展了。康熙帝即位之后，多次下诏鼓励移民填川，凡移民入蜀者，可免去6~10年的课税。这个政策的吸引力很大，吸引湖北、湖南、广东、福建、江西、贵州、陕西等省的许多民众相继入川，经过“湖广填四川”这样大规模的移民，到康熙六十一年（1722年），成都人口有了较大增加，随着工农业生产的慢慢恢复，商业也开始有了生机。

清代中叶，由于成都商业活跃，外地商人纷至沓来，他们开始修建会馆，如陕西会馆、河南会馆、山西会馆、广东会馆、江西会馆、湖北会馆、贵州会馆、湖南会馆、福建会馆、安徽会馆、浙江会馆、广西会馆等，这些会馆建筑规模宏大，经常有祭祀、唱戏等活动，成为各地商人在成都商业生涯中沟通乡谊、互通声讯的场所。鸦片战争以后，列强势力侵入我国，清政府被迫开放了 35个城市为通商口岸，大量洋货涌入国内市场，成都市场充斥着洋货。

第二节
晚清到民初的商业图景

据清末傅崇矩先生的《成都通览》记载，清末成都行帮盛行，如茶帮、布帮、当铺帮、票号帮、衣铺帮、京货帮、玉器苏货帮、银号帮、丝绵帮等，共有51个商业帮会，商家4460户。清光绪二十二年（1896年），清廷设立商部，各省设立商务局，维新派人物宋育仁督管四川商务局，成立了成都总商会，整顿行帮组织，并要求选出1~2名帮董参与总商会。清光绪三十三年（1907年），省商务局改名劝业道。清光绪三十四年（1908年），周善培任劝业道总办，又在成都设劝业会，集资4万两白银修劝业场，两年建成。正式开业的第二年，其营业额就达46万银圆。

清末，成都市内已形成了以生产和销售某些手工业品为主的街市：如产销银丝器皿的昌福馆街，产销铜器的东御街，产销骨器的染房街，产销刺绣品的科甲巷，产销制帽的福兴街，产销

二十世纪五十年代的金河街，正在举行街头庆祝活动，可以看见沿街的众多店铺（王大明收藏）

布鞋的纯阳观街，产销织锦的御河沿街和半边街，等等。这些街市，有不少是“前店后厂”式的店铺加手工业作坊，既搞生产又搞销售，商人采购货物十分方便。同时，一些纯商业区也先后出现，如商业场、春熙路等，聚集着资本较为雄厚的，既收购经营本地名特产品，又贩运出售外地物资的商行、字号等，这些商号普遍贩卖参茸燕桂、洋广杂货等。据《成都通览》记载，当时已出现了地盘固定，主要由小商小贩形成的，规模较大而又长期存在的夜市：“上自城守衡门(今城守街口)起，下至盐市口止。”出售旧画、铜器、古董、鲜花、洋货等，还有各种饮食摊点营业。“黄昏时起，至二更散。”

这时的农副土特产品市场兴旺发达。川西数百里地带的农副产品和手工业品都汇集在这里进行交易。这个时期，根据季节不同和传统习俗，月月兴办，内容各异，具有特色的货市，即正月灯市，二月花市，三月蚕市，四月锦市，五月扇市，六月香市，七月宝市，八月桂市，九月药市，十月酒市，十一月梅市，十二月桃符市，等等。这些定期的市会，吸引着全国各地商人前来，贸易极为频繁。与此同时，具有专业性质又经常开展交易的农副土特产品市场，也显示了在沟通城乡物资交流中的重要作用。沿用至今的一些街名，如盐市口、牛市口、羊市街、骡马市、草市街等，都可反映出当时这类农副土特产品市场在城区已经分布很广。《成都通览》中记载了很多商品的种类和价格，在当时一些著名店铺注重经营商品的质量和服务，赢得了顾客的喜爱。当时的食品店中，22家店的食品有不小的名气，如澹香斋的茶食、抗饺子的饺子、大森隆的包子、钟汤圆的汤圆和包子，还有科甲巷的肥肠、陈麻婆豆腐、楼外楼的甜鸭，等等，这些著名字号，随着时光的流逝，大多消失在历史的长河里，但有的却留了下来，如陈麻婆豆腐等，就成为传承至今的老字号。

辛亥革命后，经历军阀混战和国民党的反动统治，整个成都市场遭到严重破坏，变得十分畸形：时而东洋货充斥，时而美国货泛滥。手工业、农副业生产遭受破坏，民族工商业的发展受到极大影响。

民国初期，由于四川军阀的防区制，军队到处设立关卡，苛捐杂税很多，币制混乱，加上连年混战，成都商业受到很大影响。文学家李劼人在作品中就曾记录了几次军阀混战时，在成都大街小巷挖掘战壕，修建堡垒，随意抓伕、抓丁的情形，在这样的状况之下，商业店铺的经营很难开展。

民国十三年（1924年），当时的四川省督办杨森提议兴建春熙路，杨森下令把旧按察使衙门全部拆除，在此修建了从南到北一条街，其后又修建了东西两条街，名叫春熙路东段、西段、南段和北段。据有关历史资料查证，春熙路的前世肇始于商贾，完成于军阀时期。春熙路的拓宽，分东西南北四段，两侧兴建一楼一底铺面，先后建立了139家商店，比较知名的有上海及时钟表公司、大光明钟表公司、亨得利钟表行、天成亨金号、宝成银楼、凤祥银楼、协和百货行、裕昌、丰泰恒、胡开文笔店、商务印书馆、稻香村糖果铺、恒和、谦益、恒丰参茸庄、达仁堂药铺、漱泉茶社、太平洋理发店、蜀达照相馆等，春熙路成了当时成都最繁华的商业区。民国二十三年（1934年），四川结束了军阀割据状况，币制和税率得到统一，财经秩序好转，市场进一步活跃。

第三节
抗战时期的成都商业

抗日战争期间，成都成为大后方，大量人口涌入，人口骤增至74万，比战前增加了60%。大量的人口催生了各种产业和商业，成都出现了战时繁荣，除内迁的裕华纱厂、申新纱厂、民康染厂等几十家企业以外，外地商人还在成都开办了老同兴、天生、大通、同福等几十家大小不等的企业，商品的需求量和供应量都有大幅度增长。武汉沦陷后，长江货运断绝，全国市场缩小，陕西、山西等处内陆省份的商人转向成渝两市经营，成都的药材、山货生意特别兴隆。如成都裕华纺织厂（中华人民共和国成立后，成都裕华纱厂更名为成都裕华纺织厂），当年的棉纱商标为“金飞鸟”牌，棉布商标为“天马”牌，都是响当当的老字号（中华人民共和国成立后，成都裕华纺织厂发展成为颇具规模的国营成都纺织厂）。抗战时期，成都的铺面租金飞涨，尤其是

二十世纪五十年代，工人正在搬运裕华纺织厂生产的棉纱（王大明收藏）

街面的铺房成为商家争夺的对象，口岸的转让费都是以金条来计算，如春熙路北段，一个铺面的转让费，竟达到数十两黄金之多，令人咋舌。

在这一时期，成都的繁华街区出现了不少著名的商家，如春熙路北段就出现了呢绒绸布业的福泰和公司与衡兴、新兴绸缎庄，都为富商郝朴琴所有，郝在当时算是实力雄厚的商家。另外，还有恒义升袜衫厂、春熙饭店，专售京广百货的益大，以女式鞋受到市场欢迎的华胜鞋家。另外，还有吴毅侯、徐子昌开设的大型娱乐场所三益公。春熙南段以百货商店居多，二十世纪四十年代中期，春熙南段有中川呢绒公司、华西商场，还有专卖国货成品的中国国货公司、自产自销的天成袜厂、饮涛茶厅等。商业发达，对商业人才的需求也旺盛起来，因此在春熙路一带，涌现了正则会计事务所和正则会计补习学校。金融业也接踵而至，重庆银行就坐落在北段口，门面高大，很有气势；春熙路西段有上海商业储蓄银行。金融巨子兰尧衡修建了一栋豫康大楼，他的豫康银行占据其中大半，其余的铺面就租给专售高档商品的国泰、美琪以及豪华的撷英餐厅。这里还有名闻成都的耀华餐厅，有现代感很强的“国际艺术人像”照相馆，还有新亚西装店、“账表工业社”等。这些著名店铺、商号，为抗战时期的成都商业增添了鲜活的内容。

抗战胜利后，随着一些外地企业和机关团体的迁出，以及避难人员返回家园，成都人口减至60万。接着内战爆发，货币贬值，物价飞涨，商业经营者倍感困难，有的转向，有的倒闭，市场空前萧条。但位于盐市口附近的安乐寺却形成了一个“倒卖”市场，几乎汇集了所有参与投机倒把、买空卖空，实现非法牟利

二十世纪九十年代，成都华兴街街景（王大明收藏）

的人。有人统计，仅参与黄金、银圆、卷烟、百货、新药、染料、美钞等投机倒把的，每天都在四五千人以上，金条、金圆、金首饰的交易额，最高时达到黄金二三千两。在这种浓浓的氛围之下，实体商业受到很大的冲击，除了一些生活类的老字号还保持着经营状态外，不少店铺、企业都陷于半破产、半停业状态，从业者经营困难，苦苦挣扎。

第四节
中华人民共和国成立初期的老字号

1949年10月1日，中华人民共和国成立，成都商业进入了一个新的阶段，而很多老字号也随着社会的发展呈现出不同的面貌。

成都解放后，市军管会和市人民政府首先是严打投机倒把，保障人民的生活。在春熙路三益公茶社成立花纱布交易所，公布交易办法，严禁投机倒把，并从上海、武汉、重庆等地大量调运纱、布以平抑市场物价。先后在新津、灌县等地举办物资交流会，扩大商品流通，吸引农副土特产品进入成都市场。同时，积极协助川西行署接管官僚资本，在成都建立国营商业机构。据《成都市志·商业志》[1]记载，到1950年底，川西行署设在成都的商业机构有：粮食、油脂、百货、土产、石油、煤建、贸易

---

①成都市地方志编纂委员会，《成都市志·商业志》，四川大学出版社，1996。

二十世纪六十年代贺年卡片上的成都新华书店大楼（王大明收藏）

等9个公司，加上市上建立的零售、信托两个公司，共11个，有职工1370人。1953年以后又陆续建立了化工、油盐糖酒、食品、文化、五金、交电、蔬菜、糖果糕点、医药等公司。1952年底全市商业服务网点达到38395户，从业人员68157人，分别比1949年增长52.2%和40.2%，小商小贩增加到17308户，比1949年增长1.8倍。紧接着，国家逐步开展了对私营商业的社会主义改造。1953年，中央提出过渡时期总路线以后，加快了对私改造工作的步伐。1954年，在百货、棉布、医药、猪肉4个行业中开展了个别企业先行公私合营的试点工作。1956年1月15日，全市工商业者和职工分别举行大会，提出了全行业公私合营的倡议书，1月16日市人民委员会同意他们的意见，并首先批准了先行试点的4个行业实行全行业公私合营，批准私营粮食代销店直接过渡为国营企业。1956年底全市资本主义商业实现了全行业公私合营，并按行业分别成立公私合营总店，纳入相关的专业公司管理。公私合营后，原企业的固定资产和流动资金全部转入合营企业使用，付给资本家年息5%的定息，原企业的职工全部由合营企业安排工作。同时，由实现合作化的小商小贩组成了1304个合作商店或合作小组，并按行业或地区分别成立了109个合作中心店，归口由相关的国营专业公司进行管理。合作商店实行集体所有，独立核算，自负盈亏，民主管理制度。在对私改造基本完成以后，建立了以国营企业为领导、集体商业为助手的社会主义统一市场，公私经营比重发生了根本变化。据相关资料统计，1957年全市社会商品零售总额为5.57亿元，除农民直接对居民的零售额0.43亿元外，其余5.14亿元中，国营为2.21亿元，占43.08%；集体为2.85亿元，占55.56%；个体为0.07亿元，占1.36%。

中华人民共和国成立初期到改革开放初期，成都新出现了一些门店与商品，经过几十年市场的洗礼，受到老百姓的欢迎，如成都新华书店与百货大楼，就是这一时期出现的著名店铺，承载了很多成都人的情感，作为本地的著名店铺，逐渐成为人们心目中的老字号。一些商品也是这样，中华人民共和国成立之后涌现的成都火柴、成都墨水等，以其价廉物美，成为老百姓喜欢的老字号商品。

第二章

成都老字号的特征与经营手段

成都市百貨公司
人民南路商店
Chengdushi baihuogongsi
RENMINNANLU SHANGDIAN

第一节
街头的店铺与作坊

晚清到民国时期，不少外国人在成都留下了照片，让现在的成都人能一窥当年的街道、城池、人物以及商业的景象。其中，有一幅民国初年的照片，画面上一个小摊摆放在街边，这是个小吃摊，上面还放着蒸屉，一个大人带着孩子站在摊边。顺着小摊看过去，沿街都是店铺，这张照片反映了成都当年街头商业的特征。成都的街头店铺具有亲民、直观、便捷的特点，自带传播效果，很容易对顾客形成吸引力。当然，这些街头的店铺和作坊，由于有租金、用工等的压力，必须努力生产和经营，保证产品和服务的质量，再加上店招显眼，容易记诵，时间一长，就在人们心目中根深蒂固了。成都的老字号中，这一类店铺、作坊占了很大一部分比例。

成都老字号的构成，除了部分生产型企业的产品，因为长期

成都染房街小商品市场（陈志强摄 陈文提供）

使用，形成人们心目中的“老字号”之外，大部分的老字号实际上是街边的店铺及其销售的产品。如陈麻婆豆腐，在晚清时期，就是北门万福桥街边的店铺。当时不少运送菜油的脚力经过万福桥时，必在陈麻婆的饭馆歇脚、吃饭，他们在附近割些牛肉，在所挑的油篓里舀几勺菜油，交给陈麻婆加入豆腐一起烹调，陈麻婆再加入其他浓烈的调味料，成为一道美味食品，受到脚夫们的欢迎。其他人到店，也常点此道菜，口口相传，经过多年的发展，成为成都著名的老字号，传承至今。

另外一些店铺兼作坊或前店后厂式的作坊老字号，由街头的店铺形成。据过去的老字号华胜鞋家的创始人罗辉武口述，他在帮工出师之后，开始是自己在家买原料做鞋，再交给熟铺子代卖，赚取菲薄的利润，后来积攒了一些钱之后，就在东鹅市巷开了一家鞋铺。这就是店铺兼作坊的老字号。

第二节
上规模的老字号

成都的茶馆以街头的店铺居多，成都的茶馆有的叫茶铺，有的叫茶社，也有的叫茶楼、茶园、茶府，等等。李劼人先生这样描述成都茶铺，茶铺，这倒是成都城内的特景。全城不知道有多少，平均下来，一条街总有一家。有大有小，小的多半在铺子上摆二十来张桌子；大的或在门道内，或在庙宇内，或在人家祠堂内，或在什么公所内，桌子总在四十张以上。据《成都通览》记载，晚清到民国初年，成都的茶馆有454家。这些茶馆中，除了一些小茶铺之外，真正能叫得响的字号，是一些规模较大的茶园、茶楼，就像李劼人先生写到的“在门道内，或在庙宇内，或在祠堂内，或在什么公所内”的大茶馆。当时有几个知名的茶馆：文庙街的瓯香馆，顺草湖的临江亭，山西馆口的广春阁。劝业场兴建之后，由于劝业场的商气旺盛，每天的人流量大，一些上规模的茶楼也在这里开办，当时比较著名的有宜春楼、第一楼、怀园，这些“高大上”的茶楼，茶香、水好、座雅、楼高。保留到现在的老字号茶馆，是人民公园内的“鹤鸣”茶社，因它位于公园内，受城市建设的影响较小，招揽顾客的方式是保持原有的饮茶特色，在成都算是硕果仅存。

餐饮业中的老字号有和茶馆业相似的特征。就是既有街头的老字号，也有成规模的大型包席馆、南馆（江南风味的饭馆），从清宣统年间到民国初年，成都的大型餐馆就有：一家春、第一楼、楼外楼、可园、金谷园，还有席面讲究的官正兴园，其主人喜欢收藏，官场上很有人脉，包席的人不少，加之其碗碟做得古

二十世纪九十年代位于锦江区的街边店铺（王大明收藏）

二十世纪九十年代青年路上的杨百万蚊帐商店
（陈志强摄 陈文提供）

色斑驳，菜的味道又好，所以有很大的名气。还有义园、西铭园、双发园，以及后来出现的枕江楼、明湖春，等等。这些大型餐馆经营了很长的时间，积累了不少口碑，但到了现在，已经很少能在市面上看到这些老字号的招牌了。

一些工厂企业、销售公司，因为产品质量好，在消费者中有了口碑，从而使得这些企业及其产品成为人们心目中的老字号。如后面提到的成都墨水厂、成都火柴厂等。

还有一些是中药店铺，由于和老百姓的健康息息相关，在过去那种缺医少药的年代，几乎所有的家庭都会和这些药铺打交道。有着良好口碑的药铺，其制作的药往往都很注重药材的选择、炮制，其药效明显，再加上服务态度好，很容易在老百姓中形成口碑。如成都著名的药铺：陈同仁堂、德仁堂、泰三堂、萧集翰、庚鼎药房等就是这样，药品经过时间的检验，且传承有序，成为老字号。直到今天，仍然有不少这样的老字号药铺，历久弥新。

第三节

老字号的商业秘诀

日常生活中形成的老字号

这一类老字号以“招牌品种”取胜。日常生活中的老字号，一部分集中于餐饮服务业。成都是美食之都，成都的餐厅、饭馆众多，一些餐饮老字号如荣乐园、竟成园、努力餐、少城小餐、味之腴、盘飧市等在中华人民共和国成立前就久负盛名。另外，成都餐厅、芙蓉餐厅、耀华餐厅，规模较大，设备齐全，烹饪力量雄厚。一招鲜吃遍天，这些著名的老字号都有自己的招牌菜。如荣乐园的开水白菜、竹林小餐的凉拌白肉、芙蓉餐厅的豆腐鱼、竟成园的砂锅豆腐、带江草堂的邹鲢鱼、粤香村的牛肉汤、夫妻肺片的凉拌牛肉。这些招牌菜能吸引回头客，也在人们心目中形成固有的印象，其字号与招牌相辅相成。

品类繁多、质优价廉、量少方便、服务周到。与川菜同享盛名的成都名小吃，著名的有赖汤圆、龙抄手、钟水饺、谭豆花、洞子口凉粉、古月胡三合泥、珍珠圆子、韩包子、师友面、鲜花饼、蛋烘糕、叶儿粑等。这些小吃具有浓郁的地域色彩，以品类繁多、质优价廉、量少方便等特点，深受本地人和游客的赞赏。成都小吃花色品种齐全，名目繁多，甜咸酸辣各味都有。经过中华人民共和国成立后公私合营和国营化的发展，成都名小吃逐渐从单一品种经营走向多种品种融合经营，在一个名小吃店，就能吃到多种名小吃。加上这些名小吃价廉物美，量虽小，但方便携带，受到市民和游客的欢迎。如韩包子，除了保证包子的口味之外，还在顾客上座之后，由服务人员端上一小碗用棒子骨熬制的“口杯汤”，面上还滴几滴香油，用这样的汤下包子，口感极好。良好的服务也是这些老字号得以成功的秘诀。

浓郁的地域特色。中华人民共和国成立前夕，成都的市区有大小茶馆700多家，最大的“华华茶厅”就有茶座一千以上，堪称当时西南最大的茶馆。过去，老虎灶、盖碗茶、竹椅子、方木桌是茶馆的标配，古朴的店堂、勤快的茶博士、慵懒的茶客，加上采耳、推拿的技师，卖香烟、卖炒货的小贩，构成了成都茶馆独有的风情画面。市区及近郊场镇，无论大街小巷、公园名胜、旅游胜地，到处都有茶馆。人们工余闲暇在茶馆里，或品茗小憩，或看报聊天，或会客晤友，或聆曲听书，各得其乐，可谓别有一番情趣。

传统行业的老字号

这一类老字号选材严格、管理精细。传统行业中如药铺，要成为百年老店，比起餐饮行业来更加困难。药铺的经营主要靠

二十世纪九十年代的春熙路夜市
（陈光渠摄 王大炜提供）

药品，药品要见效，就必须把好药材关。因此对药材的选择十分严格。如泰三堂每年按季节大批购进药材。要请行家亲自到药市看货，品质高的药材才会下手。泰三堂对药材的管理井井有条，贵重药材由专人管理。制药工人领取药材，保管人员都会记录明细账。加工后，管理人员还会再称重量。每年年终，要按照明细账盘点贵重药材。泰三堂生产的锡金眼药水、乌鸡白凤丸、丁文成公万应丸、参茸卫生丸等在市场上极为抢手。锡金眼药水选料非常讲究，所需的梅花片专程从广东有名的药号老板罗大盛处买来；制造乌鸡白凤丸，也要专门到牛市口鸡市上买一种白毛的乌骨鸡；制驴胶、龟胶、虎骨胶、鹿胶时，将原料放入九眼桥河中昼夜冲洗，专门派人看守，待皮上、骨上的肉末冲净后，再刮毛、切块，用大火熬至浆状，然后滤渣，又再用小火煨稠，倒入方形锡盒中，待冷却后成形，切成方形片子，用朱砂印上“自制龟胶”“自制鹿胶”……从这些可以看出，传统行业的老字号在选料与管理上，是需要投入极大的成本与精力的。根据美国经济学家罗纳德·科斯的交易成本理论，这些老字号药铺在制造药品中所投入的搜寻成本、信息成本、监督成本远远大于其他很多同行，因此，药品的价值也相应较高，加上良好的疗效，就能保持在顾客心目中高性价比的形象。

秘方“保底”，诚信经营。不少传统行业的老字号都有拿手的“绝活”。知名药铺，大多有秘方药品。如庚鼎药房的“渴龙奔江丹”，对疮口流脓且久治不愈的疾患很有效，但其配制的原料和成分包括炼制的方法就是不传之秘，一直以来都是口口相传。据资料记载，庚鼎药房的老板暨传承人曹彬如，在公私合营的时候，开始时就存有一点私心，不愿交出秘方。后来经过包括儿女在内的人多方面做思想工作，她终于交出了秘方与炼制方法。虽然现在这个药品因含有汞的成分而被禁用，但以前药铺保守秘方的故事却流传下来。

庚鼎药房在经营上秉承“言不二价，童叟无欺”的理念，将这两句话写成吊牌，高挂在店堂墙上。对顾客无论买多少都是一个价，无折无扣，不卖批发，一概零售，现金交易，不赊不欠。这样的言不二价看似比较死板，但其实节约了议价成本，对店铺和顾客双方都有好处，因此庚鼎药房能够在清末100多家中药铺中屹立不倒。这种诚信经营换得的商誉，是老字号长兴不衰的重要原因。

日用品中的老字号

这一类老字号主要包括日常生活中常用的工业或手工业产品，如肥皂、火柴、墨水等。这些产品之所以能够成为老字号，与产品的质量是分不开的。

恪守家训，传承工艺。郫县豆瓣是成都响当当的老字号产品之一，一直以来被称为“川菜之魂”，大多数川菜的烹调都离不开它。早在清初“湖广填四川”之际，福建汀州府永定县孝感乡翠亨村人陈逸仙也来到四川，在郫县城南落户，因靠近县城，利用自己能酿造酱油、麸醋的手艺，走街串巷，以此谋生。到了清嘉庆年间，经历了几代人的发展，陈家有了一定积蓄，就在县城西街开设了顺天号酱园，除了原来沿街叫卖的产品外，还有盐渍辣椒很受欢迎。清咸丰年间，陈家后人陈守信设立益丰和号酱园，他在实践中发现经过日晒夜露的豆瓣加入盐渍辣椒之后形成的辣豆瓣酱，味道更好，且在烹调时有提味增色的作用，因此开始大量生产，成为郫县豆瓣。后来陈守信的第六子陈竹安在继承了酱园生意之后，严守家训，重视产品质量，钻研酿造工艺，对豆瓣、辣椒的产地、形状、口味，酿造时的工序、时间等都做认真分析，并制定标准，保证了郫县豆瓣的质量。

货真价实，店招独特。如二十世纪三十年代开始创设的廖广东刀剪铺——石柜台，其销售的菜刀、剪子等金属生活用具，锋利耐用，受到消费者的喜爱。刀剪铺每天磨刀，必须准备大块的磨刀石，因红砂石磨出来的效果好，很多铺子都把红砂石放置在地上，有需要就在其上对刀具进行打磨。而廖广东刀剪铺则独出心裁，其“招牌”吸引人，很有特点，将磨刀石做成柜台的桌面石，既能使柜台耐得住金属制品的磕碰，又能使柜台兼有磨刀石的功能，而且在柜台上磨制，减轻了劳动强度，还能为街面上的其他人看到，形成传播效果——石柜台也成为这个刀剪铺的注册商标。

除以上所列的老字号之外，成都其他行业中也有不少的老字号，如过去的金银饰品业就曾有宝成银楼等，宝成银楼在二十世纪二三十年代曾经历过经营的困境，后又重振起来。据宝成银楼当年的老板范光明回忆，1934年，他到成都接管宝成银楼时，银楼已经长期亏损，无法清偿债务。范光明一方面订立严格的管理制度，加强原料及产品的保管与质量的监管，节省开支，防止营私舞弊。另一方面，他狠抓珠宝的镶嵌设计，并采用不同的工艺，用洋金（九成金及其他K金）来镶嵌其珠宝玉件，既突出了珠宝的美观与光彩，又不易脱落，深受顾客欢迎，一下就立稳了脚跟。还有位于总府街的皮货商店同兴祥，其老板年轻时曾在一家估衣皮货商店帮工，其后他就和人合伙，在总府街开了这家店，先靠赊丝绸来做衣裙，渐渐积累了不少资金，合伙人离开后，他自己独资做皮货生意。他的诀窍一是诚信无欺，二是广结人脉，每年春节之后，都以请春酒为名，邀请同乡以及达官贵人、商界名流、老顾客等，从正月初五开始，一直延续到二月花会之后，总共不下百席。这样做并不是铺张浪费，而是因为皮货需要有经济实力的人购买，广泛地邀请这些人赴宴，不但增加自己的人脉，而且也是对商品很好的宣传。此外，在金融业中还有不少银行、银号，因时代变迁，逐渐式微。

第四节
老字号的经营特征

历史悠久

大多数的老字号历史悠久，如陈麻婆豆腐在晚清时期就出现了，到现在有100多年历史。前面所述的郫县豆瓣，起源历史在清嘉庆时期。陈同仁堂则在清乾隆时期开设。这样的百年老店，经历了各种历史变迁的洗礼，其产品质量才能历久弥新，其商誉才能长盛不衰。成都的部分老字号是中华人民共和国成立之后才出现的，至今有近70年的历史，如百货大楼、新华书店等国营单位，这些老字号长期为市民服务，在人们心目中占据了很重要的地位。

家族式经营

成都的老字号，不少是家族式经营，其中尤其以中药铺比较显著。因为这些药铺往往都有秘方传世，不能轻易泄露，也便于管理。如陈同仁堂，是乾隆年间开发的，后来由子孙继承变成家族合股企业。陈发光历经艰辛把陈同仁堂做大之后，为了给子孙留下能够传之百世的企业，在其暮年对11个儿子做了安排。他将企业财产折合成白银22000两，分为11股（后来因一房绝后，成为10股），每股2000两，每个儿子一股，只准用息不准动本，以保证店铺永存。后来又按子孙多少细分股权。人事上，采取公议公推，店铺设5个职位，在儿子中公推5人担任，一年一选，可以连选连任。有贪污盗窃或失职行为，立即开除，并赔偿损失。遇重大事件，由5人开会决定，必要时还要召开全体股东大会。这样的制度，虽然存在越到后面股权越摊越小的问题，但这种家族式的管理却有效地保证了老字号的生存。

传承有序

一般的商铺如果在中途换成其他家族来经营，一定会给顾客带来困扰，从而影响其生意。而成都的老字号，大多是传承有序，能够“溯源”。就拿老字号太和号酱油来说，其创始于清同治年间，传到第二代时，长房胡石菴回原籍江西应试，考中了秀才。二房胡继承本想回原籍参加科举，但父亲不允许。胡继承留在成都，经营太和号酱园。后来胡继承因病早逝，其父又年迈多病，无人照管生意，其父只好叫胡石菴回成都来挑起重担。胡石菴十分孝顺，听到老父召唤，当即就从原籍江西出发，赶来成都。他接管酱园后，就宣布生意还是属于二房，自己只是负责经营，要向二房报账，自己每年只用50两银子，不多支取一文。他下决心钻研酱园内产品的制作工艺，一年多时间就成为内行，狠抓产品质量，与员工同甘苦，将原作为辅助产品的黄酒扩大生产

二十世纪九十年代百货大楼前的街景，那时的中巴车和“偏斗车”很有时代特色（王大明收藏）

规模，获利不少。胡石菴还因二房无后，把自己的第三子胡子康过继给二房，但胡子康一直在外当法官，太和号的生意就由胡石菴的次子胡璧珊经营。1933年，胡璧珊又让二房胡子康的儿子胡叔樵接班，1949年，胡叔樵又把太和号交还父亲胡子康，再交给胡乃镕。一百多年间，辗转传承四代人，基本完整地保留了酱园的工艺。

特色品种

正如前面所述，不少成都老字号都有自己的特色产品或服务。独有的特色品种使这些店铺形成了差异化竞争的格局，很快就在同行中间脱颖而出。这些特色品种也会因为其广泛的接受度而成为历久弥新的老字号品种。如成都火柴厂，就是由原培根火柴厂在1951年改名为成都红光火柴厂，1952年合并入成都市企业局所属的协昌火柴厂，改名为地方国营成都火柴厂，1966年正式改名为国营成都火柴厂，其产品成都牌安全火柴经历了从单一的黄磷火柴、硫化磷火柴到安全火柴的转变。成都牌安全火柴受到成都乃至西南境内很多群众的喜爱，成为人们心目中的老字号产品。此外，如华胜鞋家，在其他鞋业主攻皮鞋和老式布鞋的时候，创始人独辟蹊径，利用一种云绫锦生产软底便鞋，其鞋样式好，色彩漂亮，且成本低廉，深受女士欢迎，成为华胜鞋家创业之初的拳头产品。

周到服务

成都老字号中，大多数店铺都是从很小的规模做起，保留了创始时的经营初衷，奉行童叟无欺、百拿不厌、百问不烦等传统的商业道德。如洞子口张老五凉粉，其创始人张成明在经营中就有独到之处。他经过仔细的观察，发现人们吃凉粉的时间不同，对于调料的感受也不尽相同。他认为，早晨顾客的肚子空空，需要开胃，因此凉粉的味道就厚一些，这也可能考虑到早晨的时候，人们的舌苔较厚，对食物的味道不太敏感。中午的时候，顾客一般比较饿了，凉粉吃得多些，味道就应该清淡一些。晚上需要睡眠，吃得太辣了肠胃不舒服，凉粉里就要减少辣味，咸味也要合适。类似老字号这些从实际中得来的经验，形成了老字号独特的服务理念，还契合了健康饮食习惯，受到欢迎是必然的。

注重传播

大多数成都老字号是靠产品质量和服务取胜，但是仅有这些还不足以成为历史悠久的老字号。真的能够成为百年老店的店铺，本身还很注重自身宣传。在当年条件极其有限的情况下，它们是怎么进行传播的呢？首先是店名、店招，成都当年的很多店铺是花了不少心思。像比较著名的经营书画、文具的老字号诗婢家的店名，就是取自《世说新语》中东汉经学家郑玄家的两婢女引《诗经》句子相互对答的故事，充满了文雅之气。而不少店铺对招牌的书法比较重视，不惜花费重金，请书法名家挥毫。据资料介绍，位于提督街的萧集翰药铺的店招，传闻是一位叫廖灼的人所写，这个人有个绰号叫“廖鸡公”，其父以前就是位书家，尤精魏碑，到了廖灼这里除了写字，别无长技，到中年的时候家里的贵重东西几乎典当一空，但他的字好，来求字的人不少，成都街上好几个著名店铺的店招都出自他手。在本书编撰过程中，笔者采访以前在萧集翰工作过的王德正先生，他说曾就萧集翰招牌的书写者是谁的问题，询问过

萧集翰的老店招，其魏碑字体刚劲有力，别具特色，很有识别度（王德正摄）

曾当过公私合营时期资方负责人的肖文治。肖文治说，该招牌是在二十世纪三十年代请内江籍著名书法家公孙长子（1882–1942年）书写的。公孙长子原名余切，又名兰陔，字培初，化名为公孙长子，曾参加过反清起义，还加入过同盟会。他擅长碑体书法。从照片看，萧集翰招牌的书法遒劲有力，确实是名家手笔。这个说法因是当年的亲历者所述，比起廖灼书写的说法，更为可信。这些人物，自身就有传奇色彩，再加上店主的添油加醋，店铺的字号就名声在外了。

店堂布置也非常讲究。一般来说新店在开张时都会特别布置一番，据相关资料介绍，成都的陈同仁堂在开张前，对店铺的口岸、店堂布局都做了一番考量。首先是买下湖广馆街口一段地皮，然后修建成一楼一底的铺房，门楣上高挂着“同仁老铺”的金字牌匾，左右标明“专门丸散”“实价无折”，店内的中堂挂着“陈同仁堂”的金匾，两边转角柜台上分别竖立“遵古炮制”“精源道地”的金字座牌……这样一个有历史、有实力的大商家形象就呈现在市民面前。美国著名品牌专家凯文·莱恩·凯勒说过，消费者在记忆中通过联想反映出对组织的感知，这就是对企业形象的重视。像陈同仁堂这种注重企业形象的举措，为它成为百年老号做了很好的铺垫。

第三章

老字号举要

成都市紅光火柴廠出品
無毒火柴

第一节

著名餐饮业老字号

陈麻婆豆腐

在风景秀丽的浣花溪畔，有一家餐饮店，门脸高大，里面的装修、陈设都古色古香。这家店的招牌菜是一道红烧豆腐，装豆腐的盘并不大，白色的豆腐被浓亮的油汁覆盖，舀一勺，慢慢地品，麻、辣、鲜、烫、酥、嫩、香的味道在嘴里“盘旋”，令人赞不绝口。这家餐饮店就是著名的陈麻婆豆腐店。

陈麻婆豆腐店是成都餐饮界的老字号。其招牌菜麻婆豆腐中用的豆腐，是用黄豆精工制作，石膏点卤，烹制时佐以川椒、豆豉、豆瓣、姜葱末、黄牛肉末，形成独具特色的风味，好吃爽口，回味无穷。

陈麻婆豆腐始创于清咸丰末年（1861年），以前叫“陈兴

二十世纪八十年代位于西玉龙街的陈麻婆豆腐店（陈志强摄 陈文提供）

盛饭铺”，店子就在成都万福桥与北门大桥之间上河坝那一段，当时只是一间卖小菜的馆子。店主是陈春富，他的老婆刘氏帮忙打点。清末，因为府河水道便利，从岷江上游漂来的原木，就在离此不远的西北桥河道打捞上岸，西北桥一带逐渐形成了木材交易市场。临近川陕路的新繁、金堂以及更远的彭州等地的“送油人”，用鸡公车运送菜油到城里的米油铺销售，他们两人一组，一个推一个拉；还有些是担油挑子的人，用一根扁担挑着两个桶，里面都装满菜油。这些“送油人”一般是从北门的城门洞入城，辛辛苦苦，却只能挣点微薄的劳力钱。城隍庙就在附近不远处，遇到城隍庙会，人山人海。万福桥、北门大桥上摆摊卖货的一些小商小贩，中午饿了会到陈兴盛饭铺吃饭。饭铺开在上河坝，取水泡黄豆，用石磨加工豆腐，可谓得天独厚。豆腐店使用黄豆、菜油等食材也需要推鸡公车的顺路捎带，送油农民兄弟的午饭钱由豆、油中抵扣，或也理解为以物资交换。到了中午肚皮饿得咕咕叫，走拢饭铺门口该歇脚了，就把车子或挑子放下，在门口停了一长串，大家都到陈兴盛饭铺吃饭。车子和油挑子形成了广告效应，陈兴盛饭铺的生意想不好都难。

陈春富早逝后，饭铺由刘氏经营，她自来就烧得一手豆腐好菜，是饭铺的主厨。因刘氏脸上有好几颗麻子，大家都叫她“麻婆”，她做的豆腐就干脆叫“麻婆豆腐”，陈兴盛饭铺也改叫“陈麻婆豆腐店”。几代人在经营中不断总结经验，使得陈麻婆豆腐传承150余年，仍保持原来的风味，为中国人的餐桌上留下了一道经久不衰的名菜。

麻婆豆腐的制作过程并不复杂，豆腐的制作成本低，作料也是常见的川菜作料，适合众多的中下层群众。由于在此吃饭的有很多都是卖油的或运油的人，为了让豆腐烧得更好吃，这些人总会在自己的油篓里舀上一两勺油，让厨师加到菜里。烹饪当中，厨师要舍得用油保热。老成都人爱说：油多不坏菜，火要烧得旺，豆腐要吃得烫。陈麻婆做的豆腐好吃又特别下饭，到后来引得城内有钱的达官显贵、公子小姐也雇私包车前去品尝。陈麻婆豆腐店本来不针对高端吃客，但这些“上层”人士又都跑去吃，豆腐店就更出名了。据《成都通览》记载，在清末，陈麻婆豆腐就已经成为“成都著名食品”，深受市民喜爱。

老成都人印象中最早的陈麻婆豆腐店是在西玉龙街，古雅的店面，风格别致。另外在北门的簸箕街、东门大桥、西门的青羊宫开有分店，只有南门没有开设。处于青羊宫对面的青羊宫分店的规模最大，因其临近青羊宫、杜甫草堂、百花潭公园、文化公园，是成都游客较为集中的地方，一到中午和下午，食客如潮，店中还悬挂了多幅名人字画，为店铺增加了文化品位。游客们坐在二楼的临窗座位，看着对面的青羊宫和街上人来人往的景象，再品尝着美味的麻婆豆腐，心里是十分惬意、舒坦的。可惜，2005年6月14日，青羊店被隔壁一个小店引起的大火殃及，毁于一旦。当时的“陈麻婆豆腐”青羊店经理张泽泓说，火灾将里面的建筑、设备、设施等烧毁了。最痛心的是里面的名人字画也荡然无存。不幸中的万幸，是“陈麻婆豆腐店”在保险公司投了保，而且该店产权也属于“陈麻婆”，在保险公司赔偿之后没有多久，新店也在浣花溪边开张。

钟水饺

钟水饺店在成都有不少分店，店堂都较为宽大，和龙抄手等店铺一样，水饺只是店里数十个品种中的一种。顾客到了店里，能吃到其他的成都名小吃。钟水饺的店面装潢简单、朴素，门口是点餐的柜台，旁边是热气腾腾的包子、馒头、叶儿粑等，给人温暖的感觉。服务员们凭打印的小票进厨房点餐，再端出相应的小吃，却不会搞错，可谓记忆力惊人。每天的中午时分，钟水饺店就十分拥挤。

钟水饺店始创于光绪十九年（1893年），最初并不叫钟水饺店，而是叫“协森茂”，卖甜食如粉糟、油糟子等，但生意不能维持正常生计。店主钟燮森（字少白）很焦虑，要是再这么经营，肯定很难支撑下去。他经过观察，发现成都卖面的店子多，而卖饺子的却寥寥无几，觉得如果能制作区别于北方饺子，适合成都人口味的水饺，生意肯定能够火起来。

钟燮森刻苦钻研，在水饺制作工艺和口味上下功夫，终于创出了一款微甜咸香、麻辣爽口的水饺。于是店铺改营水饺，由于风味独特，口感好，生意便好起来，家庭生计艰难的愁云终于消散。他的另外两个兄弟成为他的左膀右臂。因开业之初店址在荔枝巷且招牌水饺调味重红油，故又称为“荔枝巷红油水饺”，后来，因老板姓钟，大家就把该店叫“钟水饺”，1931年正式挂“荔枝巷钟水饺”的招牌，一来二去，反而是“钟水饺”的名字响亮，就传承了下来。

二十世纪八十年代的钟水饺店，从画面上看除了堂食之外，还可以外卖（陈志强摄 陈文提供）

当年车水马龙的荔枝巷口，人流量大，钟水饺在这里吸引了很多吃客。刚起步时，水饺店的门面并不宽，只摆得下三四张小桌子，装筷子竹制筷筒挂在墙壁柱头上，方便顾客抽取。到了晚间，油灯照亮昏暗的店堂，却有一种暖暖的感觉。钟水饺刚开始时经营的品种，只有红油水饺和清汤水饺。

钟水饺只用猪肉做馅，而且不加任何鲜菜。这是它与其他水饺很不同的地方。做法是用鲜猪腿肉去皮、骨、筋，剁得极细；加盐、花椒水、胡椒粉等拌成馅；再用手工擀制的水饺皮包入鲜馅成半月形；入开水锅中煮熟，舀入盛有调料的碗内。

调制饺子馅时应根据当时的天气、原料的不同精心制作。加水拌和肉馅时，应使肉、水融为一体。煮水饺时要水宽、水滚，放入水饺的量要合适，以煮至皮皱为度。舀起后放入本店自制的红油调料，就是红油水饺，食时配酥皮椒盐锅盔，其味尤佳。若用清汤，即为清汤水饺。其核心的红油调料是用好的酱油加红糖糖精收过，再配以味精、香油、红油、蒜泥、花椒等。以真材实料精心制作的红油水饺，皮薄、料精、馅嫩、味鲜，备受顾客喜欢。

1958年公私合营之后，钟水饺在总府街开设了名小吃综合门市部，后来成为国营企业，其制作工艺在历年的操作中和实践中不断改进，终成中华名小吃，成为成都小吃一绝。

龙抄手

1959年4月，成都市东城区商业局饮食中心店组织力量整理的《成都小吃（汇编）》介绍：1941年，龙抄手在商业场背后的华兴正街40号一个单间铺面开业，其创始人是做棉纱生意的杨炳森。

杨炳森在生意场中，常会招待客商，经常要去街上吃小吃。他发现做小吃本小利大，便想自己开一家小吃店，既能解决自己的客商品尝成都小吃的问题，又能赚钱，现金流也充足，可以一定程度上弥补自己棉纱生意的不足。可是自己忙得脱不开身，这个店还需要有人来打理，于是，他请来张光武和叔伯兄弟杨松如，在“浓香茶园”喝茶。老成都人的生意很多都是在茶馆里谈成的，他们喝着成都花茶，商量了很久，最后觉得做抄手的生意不错，因为卖抄手比卖面复杂，但比包饺子和汤圆等较为简单，更为重要的是成都人也喜欢吃抄手，如果抄手店开起来，在众多面馆中肯定能脱颖而出。于是开抄手店的决定就在这里做出了。因为在“浓香茶园”中商议，取一个“浓”字的谐音，定为“龙”，给人生龙活虎的感觉，又能结合生意兴“隆”之意，就将店铺命名为“龙抄手”。龙抄手始创之时在华兴正街40号，是一个小铺面。当时的成都华兴正街两边，均为砖木结构的平房，比较热闹。之后，“龙抄手”店址几次搬迁，由华兴正街迁到悦来场，后又迁到商业场，1963年搬迁到春熙路南段8号。“龙抄手”于1956年全行业公私合营后，几易主管部门，最后划归国营成都市饮食公司，成为国营企业。

二十世纪八十年代位于春熙路南段的龙抄手店面
（陈志强摄 陈文提供）

龙抄手的用料很考究，抄手的面皮做法是将标准面粉、清水、鸡蛋和为一体，采用揉、捶的手法，使面皮筋道。汤是用鸡架和猪棒子骨、肘子、蹄子、肚子煨好汤，若汤不醇厚，就加些猪的肥膘。抄手馅料选瘦的猪腿子肉去筋，用双刀将肉宰绒，再加姜水、胡椒、香油、酱油、盐巴、鸡蛋等揉掺和匀。因此，皮如纸、馅鲜嫩，汤鲜而清澈。抄手好吃，吸引的顾客就多，生意也逐渐兴隆，果真应验了那个“隆”字的谐音。龙抄手的生意走上路了，杨炳森却因为棉纱生意太忙，没办法两边顾及，于是就将生意转给叔伯兄弟杨松如。杨松如接手后，扩大经营，又邀请张光武、黄甫德两个比较懂烹饪的股东加入，还增加了店员，生意也做得越来越红火。

根据顾客的意见，龙抄手增加了一些品种，如各种包子、烧麦、海味面、宋嫂面、海味煨面、汉阳鸡等，抄手除红油、清汤抄手外，还有酸辣抄手、原汤抄手、炖鸡抄手、海味抄手等，其他抄手汤料的调配也很复杂讲究，仅是这些别具风味的抄手名称，就很刺激吃客的味觉神经。

计划经济时期，由于当时经营品种少，只是卖“大碗面”“大碗抄手”，且房屋陈旧，设备简陋，技术力量薄弱，以前赖以成名的“龙抄手”也做不出原来的味道。到1986年，龙抄手年亏损4.29万元，职工的工资也发不出来！眼看这个地处繁华黄金口岸又是老字号的名店如此模样，上级主管部门经过调研，终于下定决心，将龙抄手和蜀都小吃两家店合并，更名为“龙抄手餐厅”。调整领导班子，任命特级厨师姚长林为餐厅经理兼党支部书记。

1987年，扩建后的龙抄手餐厅和广大市民见面，宽大的店堂，气派的家具，尤其是抄手，又回到从前的味道，一下就让成都市民感到惊喜。当年就实现营业收入45万元，利润达1.3万元，一下子扭亏为盈。之后，龙抄手餐厅几经改造，餐厅面积达1800多平方米，能同时容纳500人就餐，还增加品种，多种经营，提升服务水平，龙抄手旧貌换新颜。龙抄手名厨云集，其中的特一级面点师冯朝贵是龙抄手的第三代绝技传人，能够将抄手皮擀成薄如纸、细如绸，做成“抄手皮旗”拿在手上挥舞，而抄手皮完好无损，赢得了“擀面皮王”“抄手王”的美称。

1995年5月，龙抄手获得国内贸易部颁发的“中华老字号”证书。

赖汤圆

赖汤圆的创始人原名赖元鑫（本名赖德顺），资阳人氏，生于清光绪十三年（1887年），他很小的时候随叔父由资阳上成都卖汤圆，先在本市东鹅市巷、顺城街、铁脚巷（现上翔街）摆担子为业。情形类似二十世纪八十年代成都市民在新南门汽车站用三轮车载着蜂窝煤炉子卖汤圆。有查实的资料证实，1894年赖元鑫在总府街摆摊子营业。1913年在商业场门口摆担摊改卖附油汤圆，到了二十世纪三十年代，他正式开店于总府街，改售鸡油汤圆。赖元鑫病故以后，由徒弟传承继续经营，何继祥是这一时期的老板，他身材微胖，个头不高，也是资阳人。

赖汤圆的制作原料是本地出产的糯米搭配大米，用水细细搓，淘洗干净，然后再用河里的水泡两三天（夏季只一两天），用细齿磨子推出来的米浆，由磨口流入洋纱布缝制的口袋，捆紧放在长条板凳上用扁担反复按压，或系在房梁、木梯子上自然吊干。

汤圆心子以白糖、猪油、黑芝麻为主，佐以四季蔬菜蜜饯或桂花、玫瑰、豆沙、瓜片等辅助材料。传统手法更体现了汤圆的香、甜、白、细、嫩、柔、力、清，煮时不浑水，吃时不沾“天堂”①，不沾筷子。糯米滋阴，白糖润肺，黑芝麻补肾。赖汤圆店内经营面积很小，就在总府路的小巷口，包汤圆只能在二楼操

---

①“天堂”，老成都人通常指人的口腔上颚。

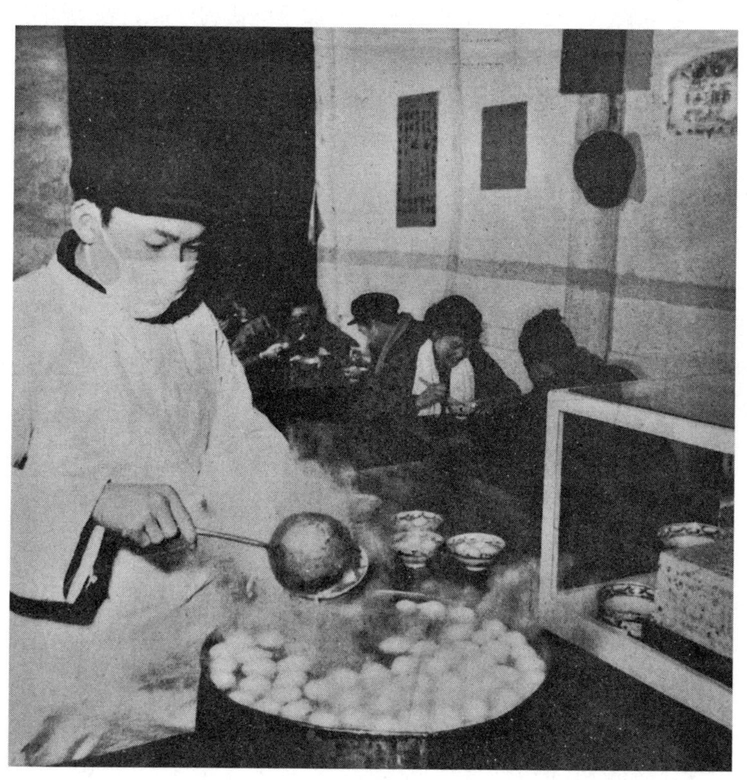

二十世纪五十年代的赖汤圆店
（该图摘自1959年《成都风光》，王大明收藏）

作，装在小篮子里用升降绳从二楼吊下来。烧松炭的鼎锅置于门前，保持汤圆的热气，食客冬天吃一碗几分钱的汤圆，全身暖和。老成都人一般忘不了赖汤圆香油加芝麻酱的蘸碟，赖汤圆是深受市民青睐的一道成都名小吃。同样是中华老字号之一。

从担到摊再到开店，经近百年光阴的锤炼摸索，赖汤圆由小做大，到了二十世纪八十年代再度扩大规模，其成品袋装汤圆及汤圆心子供应全国各地，其加工部的作坊设于成都郊外的洪家坡。

赖汤圆的匾额，由魏传统将军题写。

努力餐

努力餐是成都市餐饮行业中唯一的市级文物保护单位，由革命先烈车耀先于1929年在三桥南街（今人民南路）开业。“努力餐”的来历取自孙中山的名句：“革命尚未成功，同志仍需努力”，即“革命饭，努力餐”。1930年5月，车耀先同志把努力餐搬迁到了小南街左侧，铺面朝向车水马龙的祠堂街。一楼一底的餐馆背面是从西郊流来的金河，隔河相望的是葱郁叠翠的少城公园（今人民公园）。努力餐以“革命饭”名义吸引大众消费，大堂常常坐满，从而掩护地下党组织领导下的革命活动。努力餐接待联络过不少的仁人志士，如邹韬奋、沈钧儒、沙千里、史良、

位于小南街口的努力餐店面（雷位卫摄）

二十世纪八十年代的筷套，左为背面，右为正面，图中“车跃先”应为“车耀先”（王大明收藏）

努力餐的菜单
（王大明收藏）

章乃器、王造时、李公朴、周恩来的夫人邓颖超。1942年车耀先不幸被捕，努力餐由他的爱人车体先经营。中华人民共和国成立后，车体先把餐馆完整交给人民政府。虽然城市变迁，但是努力餐位置不变。

二十世纪八十年代末，成都修建蜀都大道，笔者从祠堂街努力餐正门进入大厅，左边是冷菜拼盘的玻璃框橱窗，里面一盏电灯，橱窗侧边是厨房，招牌菜以红烧什锦、白汁鲜鱼等著称，连同那些家常菜写在黑板上供顾客挑选。笔者上班的单位与努力餐间隔十家铺面左右，每天上下班从跟前经过，半墙玻璃装饰的门面很有特点，常有同事拿着搪瓷盅盅去努力餐买回锅肉、盐煎肉、鱼香肉丝之类，打回来的菜分量很足。

芙蓉餐厅

芙蓉是成都市花。早期用芙蓉命名的餐厅位于民国时期的青年路，当时经营这家餐厅的几个股东产生矛盾，起了内讧，生意越来越差，最终举步维艰，走向倒闭。

中华人民共和国成立后，因到成都来的外宾、游客增多，成都拥有一批上档次的饭店、餐厅搞接待就显得很有必要。锦江宾馆、芙蓉餐厅、成都餐厅，在这片古老的土地上应运而生。关于芙蓉餐厅的建成时间，有人说是1953年，其开业时间有人说是1957年。而普遍的说法是，隶属于成都市饮食公司的芙蓉餐厅于1958年开始营业。芙蓉餐厅集中了如陈志兴、白松云、张淮俊等一批川菜名师掌灶。由于定位为高档餐厅，使用普通的粗陶土碗不协调，便专门派人采购高级的杯盘碗碟。芙蓉餐厅著名菜品有芙蓉肉片、芙蓉鱼翅、金钩玉笋、芙蓉鲫鱼等，以入口滑嫩、形色味香俱佳等特点备受食客欢迎。芙蓉餐厅开业之前，名厨高手如云，形成了“荣乐园”的荣派，“枕江楼”的枕江派两帮。二十世纪六七十年代，陈海清从北京四川饭店回到成都后，被安排到芙蓉餐厅工作，他的厨艺属于“福华园”的福派菜系。陈海清创作的“出水芙蓉”乃享誉中外的一道名菜。

芙蓉餐厅大厅内从事接待的喊堂师，头戴白色工作帽，洁净的抹布搭在手腕上，对客人笑脸相迎，待招呼客人落座后，从围腰兜里抽出一双双筷子摆放在客人面前，然后询问客人想要吃什么菜。喊堂师对菜名倒背如流，并向客人推荐，客人点的几样

二十世纪六十年代的街景，芙蓉餐厅被铁栅栏围着，格外引人注目的是，街头跑着现今早已绝迹的人力黄包车
（王大明收藏）

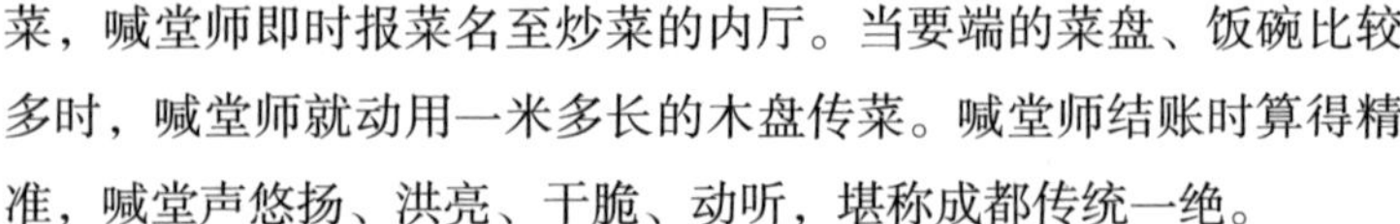

菜，喊堂师即时报菜名至炒菜的内厅。当要端的菜盘、饭碗比较多时，喊堂师就动用一米多长的木盘传菜。喊堂师结账时算得精准，喊堂声悠扬、洪亮、干脆、动听，堪称成都传统一绝。

芙蓉餐厅临街的窗户都配有绿色布窗帘，大门入口一排木质屏风。除了招待贵宾外，餐厅也对市民开放。每逢国庆节、春节，餐厅灯火通明，营业时间延长至次日凌晨。芙蓉餐厅还设置包间，在成都餐饮界中也是首开先河。

成都担担面

担担面是怎么来的？关于创始人目前有两种说法，第一种说法是清代道光二十一年（1841年）由自贡人陈包包挑着面担担，在当地走街串巷卖出名后传入成都的。第二种说法是由成都面点大师张青云在二十世纪三十年代以沿街叫卖的方式，一步一步从个体到集体所有制发展，成为老少咸宜的成都名小吃。

最早煮担担面用的铜锅，锅分两格，一格煮面，一格烫青尖①，燃料为㭎炭，有时还用手拉风箱吹火。中华人民共和国成立前，担担面的消费对象大部分是富家的小姐、太太、学校里家庭殷实的学生。盛面用白瓷花边细碗，每碗一两，都是供饭量小些的这些人，卖担担面的也就在公馆一类地方卖力地吆喝。一筷子夹完的担担面，下苦力的人群基本不会问津。

1956年公私合营时，成都市东城区饮食服务公司将担担面入店经营，此时期的品种有牌坊面，加酱油绍酒收上色，掺好汤，再下金钩和切成丝的菌子，卤过的玉兰片做臊子；口蘑面，加肉片、笋片、口蘑菌、酱油等炒、煮的臊子；杂酱面，瘦猪肉宰细如蝇头，和芝麻酱、红酱油、香油、红油辣子炒成臊子；鸡丝面，用熬好的鸡汤，鸡脯子肉撕成细丝加入；素椒面，加好酱油、味精、化猪油、胡椒、芽菜、葱花等，另外还有少量的醋。面都是手工擀制，薄如韭菜叶子，即老成都人说的手叶子面。

①“青尖”，老成都人称绿色蔬菜的嫩叶。

二十世纪八十年代的成都担担面店面
（陈志强摄 陈文提供）

从挑担担卖面到开铺子，一百多年的变迁，担担面独具老成都味道，风格未改，以几分到一角左右的亲民价格走向大众。在二十世纪六七十年代，走路进城逛街的市民肚皮饿了都以先“填底”、打尖或解馋的心态，买一碗担担面吃。而真要能填饱肚子还是要吃自家的白米干饭。

尽管如此，开设在提督街41号，文化宫出门倒右手街口子上的“担担面店”，一开门就打拥堂，尤其到了中午，更是顾客盈门，卖票、煮面、端碗、捡筷子、收拾桌子都忙不过来。每天要卖各品种面条三四千碗，生意好的时候，卖到上万碗担担面，锅台上、灶台边、案板上，调好佐料的面碗排成“长队”的场面，确实令人震撼。

谭豆花

关于谭豆花的创始人谭玉光如何于旧社会时，从资阳老家上成都做起豆花生意的历史，众说纷纭。据相关资料介绍，1938年，谭玉光表姐肖秀益回乡省亲，谭说农村那点庄稼没得做头①，叫表姐带他来成都开豆花店。而于1959年4月由四川省成都市东城区商业局饮食中心店整理的《成都小吃（汇编）》，却有不同的说法，其中一段文字写道：谭豆花的创办人谭玉光于民国二十六年（1937年），在农村时因逃避反动派拉壮丁逃来成都，在三桂前街120号陈武乡处学豆花面生意。1939年在安乐寺设摊营业三年，后在晋阳楼隔壁（盐市口）正式开店营业取名“谭豆花”。具体位置就在人民商场对面，二十世纪六十年代中期的解放中路1033号，成都照相馆的斜对门。

谭豆花的主要原料，选自成都东山出产的花皮黑嘴黄豆，点制豆花的辅料以清纱薄石膏，色白、微带淡青色的红苕芡粉为最好。

推豆花的主要工具也很讲究，以青砂石磨子磨浆，清砂釉缸子贮存，以保持豆浆质量不变化。操作方法：以当时的河水或井水泡豆子，经过推磨、过浆、用膏、烧浆、冲豆花等过程，生产出豆花。

谭豆花经营以豆花、豆花面、素面三大品种为食客津津乐

---

①“没得做头”，成都方言，指做事情没有价值。

二十世纪八十年代的谭豆花店面（陈志强摄 陈文提供）

道。豆花里面放好豆油、熟油辣子、花椒面、芝麻酱、香油、味精、碎花生米、酥黄豆、冬菜或大头菜颗粒、葱花，最后撒上油炸馓子。豆花面也同上法调味。素面即煮好面条挑在碗里，放红（白）酱油、醋三滴、蒜泥、葱花、花椒面、红油辣子、麻酱，最后放臊子。

成都人仅听这些调料的名称，就已经控制不住舌尖上的口水。“这多好吃哩！”是那时老成都人经常挂在嘴边的话。正是谭玉光和他的同事们兢兢业业，打拼奋斗数十年，成都名小吃谭豆花方能流传至今。1995年，谭豆花获得“中华老字号”称号。

ⓟ 夫妻肺片

夫妻肺片连系着两个人的名字，郭朝华、张訇正，夫是郭朝华，妻是张訇正（现在有些资料上是张田正）。郭为三台人、张为安岳人。因在农村无法生活，才到成都当小贩。当时卖小食品的小贩比较多，如卖辣菜、兔脑壳、冲菜、卤豆腐等。这些食品装在盆子或砂罐里，用背篼背着，竹篮提着，沿街叫卖。郭朝华、张訇正夫妇最早就是提着竹篮卖肺片的，说通俗一点就是凉拌牛杂。他俩也会找地方，专找茶馆等场所售卖。到茶馆喝茶的有不少是下苦力者，从事体力劳动的人肚子里缺乏油荤，而经济实惠、麻辣鲜香的牛肉、肺片味道好，价钱划得着，销售面逐渐拓宽，并在普通市民中传名。1941年，夫妇俩就固定在金河街、长顺街一带卖牛肉、肺片，丈夫营业，妻子管账。吃客后来就叫他们的店为"夫妻肺片"了。

中华人民共和国成立后，两人将小摊迁移至安乐寺，正式取名"夫妻肺片"。1958年，"夫妻肺片"开在提督西街，二十世纪六十年代中期，店子又开在东风路一段15号，与担担面间隔几家铺子，设店挂牌之后，生意更加兴旺，后来在提督西街的萧集翰药铺对面右侧的临街转角上还开了一家"夫妻肺片"。

夫妻肺片的食材源于杀牛坊的余料，边角牛肉、牛杂（牛肚、心舌），牛头皮、蹄筋等也被称为"废片"。将这些食材打整干净，经过汆水，焯掉脏水、血泡，加八角、桂皮、茴香、山奈、草果等香料卤制，捞起出锅晾冷。所用刀法有牛肚片法、头

二十世纪八十年代的夫妻肺片店面
（陈志强摄 陈文提供）

皮片法，蹄筋切成顺片，舌头、心子横切等，切薄如纸。经过不断改良，夫妻肺片终于登上大雅之席，成为众多食客筵席上常点之菜。

肺片的主要调料：花椒面、白芝麻、花生米、辣椒、菜油、德阳酱油、豆豉、葱、芹菜花等。拌合而成的夫妻肺片香味扑鼻，十分可口。过去老成都人到安乐寺中心菜市场购完副食品后，从菜市场穿亲仁里出来就到了提督西街，经不住肺片香味的诱惑，往往把夫妻肺片当作零食买来吃。店里用小秤称量，因为那时工资收入和物价水平，一角二角的份量都卖。有的人买了站在店外就开始吃，有的人买来夹在锅盔里吃。将白面锅盔撕成小块蘸夫妻肺片拌料是一种“特殊”的吃法。

洞子口张老五凉粉

旧时农村人进城从事凉粉经营的不在少数。凉粉是劳动人民普遍喜爱的小吃，尤其夏天吃碗酸辣麻味的凉粉，可以解暑，令人神清气爽。最初的经营者头戴草帽，身系围腰，脚穿草鞋，挑着一头是佐料碗筷、一头是用纱布遮盖的凉粉担子，在街头、路边、场口吆喝，走到哪儿就卖到哪儿。每碗凉粉的价格三到五分不等，除了卖碗里装的刀打凉粉、旋子凉粉，还卖小孩爱吃的手摊凉粉。

二十世纪三十年代，出成都北城门北去大约十华里的小乡场洞子口，每逢赶场天，场口树阴下，本地张氏兄弟利用赶场天的人气“商机”，摆摊卖小碗凉粉，因花钱不多，味道可口，深受散场过路或歇脚的乡民的青睐。名气扩大以后，两兄弟分开各做各的凉粉生意，家中排行老五的张成明就把从洞子口发源的凉粉营生“引入”成都城内，这就是后来有口皆碑的成都名小吃“洞子口张老五凉粉”。

张老五凉粉有黄凉粉、米凉粉、白凉粉之分。

黄凉粉：豌豆粉与一般豆粉各一半加水，放锅里煮30分钟，起锅冷却，不添加石灰、白矾。

白凉粉：用净豌豆粉掺水和匀，放锅内烧开，加一定比例白矾，凝成型时舀入缸中，冷却即成。

米凉粉：用饭米净水淘洗，加水磨细，至锅内搅拌烧制30分钟，加入一定比例石灰水，再搅至成型时改用微火焖约30分钟起

二十世纪八十年代的洞子口张老五凉粉总店
（陈志强摄 陈文提供）

锅完成。

凉粉调料并无一定的标准。根据普通人的爱好，调料在红白豆油、醋、熟油辣子、花椒面、芝麻酱、蒜泥水、甜酱、豆豉酱之间酌情增减，米凉粉有冷热两种吃法，热食者还用到芹菜花、芽菜颗粒、葱花等。

原在后子门街的洞子口张老五凉粉店橱窗里挂着一盏白炽灯泡，多个大花白瓷碗里，装着不同的调料，共有十余种之多，调味的厨师一只手端两三碗凉粉，或手抓或用特制的小竹勺舀调料，随着手的快起快落，划出一道道闪亮弧线，并弥漫出特有的香气，刺激过客的味觉神经。提督街与亲仁里街口上也有洞子口张凉粉分店，经营面积要小一些，经营的方法一样。后子门的张凉粉店每逢斜对面的体育场各种赛事结束，店门前人山人海，营业员根本就忙不过来。顾客们把各种味道的冷热凉粉，就着锅盔，吃得津津有味，直呼“辣乎，辣乎”！

耗子洞老张鸭子店

成都城内鸭子作坊和卤鸭店，做得最有名气的要数“耗子洞老张鸭子店”。

耗子洞老张鸭子店的老板叫张国良，他从1928年开始跟着父亲在提督街与暑袜街相交的街口摆摊卖烧鸭子。成都是个典型的消费城市，旧时开得热闹的茶铺、酒馆、旅馆，包括一些干杂店和居民住房，大多处于一条窄街上，出口狭小，巷子深长，就如耗子[①]出没的“耗子洞”。张国良卖的鸭子香气四溢，声誉在外，所处又是一条窄街，就冠以“耗子洞”三字，“耗子洞老张鸭子店”字号应运而生，也隐喻好味道不怕巷子深之意。

老成都人印象深刻的老店对门是百货商店，一楼一底的耗子洞老张鸭子店隔壁是同属市饮食公司的食时饭店，此地是繁华口岸，车水马龙。二十世纪六十年代，耗子洞老张鸭子店的加工作坊设在鼓楼北一街与观音阁街相交的转角边上，就十来个平方。那些活鸭圈养在竹编围栏里面，地面堆积着厚厚的鸭粪，嘎嘎嘎的鸭叫声隔很远都能听见。杀鸭、烫毛、剖肚、洗整都在屋檐下面，每天下午卤制好了的鸭子，装在一个大筲箕里面，用脚蹬的三轮车拉到提督街的门店去，一路上鸭子卤味飘香，令人垂涎欲滴，形成无声广告效应。

耗子洞老张鸭子店有卤水鸭、烟熏鸭、烤鸭、板鸭、油烫

①耗子，成都俚语，指老鼠。

二十世纪八十年代的耗子洞老张鸭子店店面（陈志强摄 陈文提供）

鸭、樟茶鸭等品种，味道丰富。鸭子的内脏、鸭舌、翅膀、脚掌卤制之后都是下酒佐餐的美味。

那时候，耗子洞老张鸭子店的布局比较简单，两根长条板凳搭块木板，上放玻璃橱柜，卤好的鸭子用铁丝弯钩挂在里面，一盏白炽灯把鸭子照得红亮，吸引过客的目光；装白酒的瓦坛子放在橱柜侧边，红布包沙子盖在酒坛子上严丝合缝不会走漏酒气。一两二两打酒的竹提子，放在一个碗里，随时备用，物资供应紧张的那段时间，要购买一定数量的卤菜，才卖给一定数量的白酒。

以前鸭子的包装没有现在讲究，住得近的用筲箕或碗装，打包带走的用包中药的那种牛皮纸，外裹一层报纸，拿回家时，油渍都浸透包装纸了。

韩包子

成都人的早餐虽没有广东地区的早茶那么复杂，但也相当讲究，早上起来，总要吃点豆浆、油条、糖油果子或者是一碗喷香的脆臊面、牛肉面，很多成都人喜欢稀饭就包子、馒头。韩包子在成都颇有名气，其用料考究，制作精细，皮薄松泡，馅心精满，入口化渣，被誉为“成都小吃之上品”，是传承了百年的老字号。韩包子在1990年获得过“成都名小吃”的称号，有人还将其与大名鼎鼎的天津狗不理包子相提并论——“北有狗不理，南有韩包子”。

民国三年（1914年），温江人韩玉隆在温江苏家渡开了个面食店，苏家渡当时是个乡场，只要是逢场天，街上就熙熙攘攘，韩玉隆的生意看上去还不错。他人勤快，做面食的手艺好，这间小店不久就远近闻名了。不过，由于乡场小，平时的生意比较淡，赚的钱要养活一家老小都比较困难。有人给他建议说，你手艺这么好，不要老是“窝”在这个小地方，可以去成都闯一闯。韩玉隆自己本来也有这个想法，于是就坚定了信心。韩玉隆在苏家渡的小店开了三年之后，民国六年（1917年）到了成都，在南打金街租了半间铺子，开起了“玉隆园面食店”。其长子韩琢之为人忠厚，又跟着父亲学习白案手艺，成为韩玉隆的好帮手。当时12岁的次子韩文华被父亲送到私塾学习，三年之后，15岁的韩文华还是回到店里帮助父亲经营。由于店铺的地段好，韩玉隆的手艺好，尤其是包子味道格外鲜美，并成为该面食店的招牌品

位于建设路的韩包子店面（龙天佑摄）

位于罗马广场的韩包子店面（龙天佑摄）

种，受到成都市民的欢迎，经过几年的打拼之后，“玉隆园面食店”在成都渐渐有了名气。

店主韩玉隆于1935年病逝，其长子韩琢之、次子韩文华兄弟俩，继承其父之业。直至1949年上半年，韩氏兄弟分业。弟弟韩文华在原址自立招牌“韩包子面食店”，韩文华在包子的制法上潜心探索、实践，“南虾包子”“火腿包子”“鲜肉包子”等系列品种先后创制推出。

成都的锦江由府河与南河汇合而得名，位于成都城南的南河当时水质清澈，多鱼虾，尤其是河虾，鲜活美味。韩文华一改普通包子的馅料，制作南虾包子，做法是将南河的河虾剥壳为虾仁，与猪腿夹肉一起剁碎，配以料酒、花椒、姜汁以及香油等佐料，用上等面粉加猪板化油、白糖揉揉，并擀成包子皮，再精心包制，蒸出来的包子大小均匀，馅料鲜美。火腿包子是用韩家自己制作的火腿与鲜猪腿肉一起剁碎作为馅料，再加入其他调料，包子咸香可口，回味悠长。但卖得最多的还是鲜肉包子，做法也很考究，首先是选四川南路猪，即内江、隆昌方向的猪，主要以粮食喂养，肉质鲜嫩。用半肥瘦的猪腿夹肉剁碎，一半在锅里煵酥，煵的时候香气四溢，再与另一半鲜肉拌和，加入酱油、胡椒粉、花椒粉、料酒、鸡汤、姜汁等调料，包子出锅后皮薄鲜香、入口化渣。韩文华店里的包子老少皆宜，南北口味兼顾，广受食客欢迎。当顾客入座时，店员还要奉上一碗“口杯汤”，这是用棒子骨、鸡肉与其他香料一起熬制而成的，色白味鲜，上桌时还要滴上几滴香油，用这个汤就包子，相得益彰。

包子成了该店的主打和招牌，于是韩文华将店易名为“韩包子”专营包子。生意越做越好，盛名远播，在成都，在全川乃至

图为韩包子的老字号标牌、包子成品与正在后厨忙碌的厨师（龙天佑摄）

全国，其声誉长盛不衰。

1956年初，成都市私营工商业的全行业公私合营工作基本结束。由韩文华经营的“韩包子面食店”，也完成公私合营。自此韩包子面食店合营后，易名为（国营）“成都市东城区饮食公司红星包子店”。后来还卖过“大众饭”，包子用猪肉加莲花白，和其他店的包子相比，“泯然众人矣”。味道不好，生意自然就惨淡，以至于亏本。改革开放之后，韩包子店调来了一位新的主任卢海全，他与韩文华的两个徒弟王善涛、王永华一起经营，按照过去的传承，精心配制馅料，并把好质量关，韩包子重新焕发生机，现在的成都城里已经开了多家韩包子的分店。韩文华一直在该店工作，直至1978年3月，才以71岁高龄退休。

韩包子从“玉隆园面食店”立店至今，已走过百余年的风雨。由于用料考究，精心制作，韩包子仍然保持它的品质，具有皮薄色白，花纹清晰，馅心细嫩，松软化渣、鲜香可口之特点，其色香味形俱佳。故而一年四季顾客盈门，出堂外销更是排队相候。

耀华餐厅

笔者最早知道“耀华”的名字是因为小时候的一颗水果糖，漂亮的红色糖纸下面有一行小字：成都耀华食品厂制造，水果糖的甜蜜感觉让笔者对耀华这个名字心生向往。后来才知道，耀华食品厂只是耀华食品业态的其中之一，而最著名的还是“耀华餐厅”。

耀华餐厅坐落在成都的繁华地段春熙路西段22号，一楼一底，门面并不十分宽大，但耀华餐厅的招牌使用了霓虹灯，五颜六色，夺人眼目。大门是西式旋转门，很是洋气。底楼主要售卖糕点，二楼是茶点室，装修风格现代典雅：窗明几净，绿色的桌布与沙发套，玻璃桌面，给人以清爽的感觉。这里绝对是老成都人最感到“洋盘”的地方，情侣相会、商务洽谈乃至家人小聚，都喜欢到耀华来吃一顿西餐，品一品咖啡。实际上主要是享受这里幽美的环境。有时候家里的小孩子也闹着要来耀华，因为这里的糖果、糕点味道鲜美，在耀华吃了东西回去，少不了要向同学炫耀一下：我去耀华吃西餐了。

老成都人都知道，毛泽东主席曾经来过耀华餐厅，这份荣耀不但属于耀华，也属于成都。耀华的老职工都还记得，1958年3月7日下午，正在成都主持召开成都会议的毛主席在工作人员的陪同下，神采奕奕地走进了耀华餐厅，餐厅的工作人员没想到毛主席会在百忙中来到这里，餐厅内立刻响起了热烈的掌声。毛主席当天在耀华餐厅品尝了西餐，还与工作人员们合影留念，留下了耀华餐厅最珍贵的记忆。毛主席就餐的餐厅也被陈列起来，供人们瞻仰。

耀华餐厅是赵志成在抗战时期创办的。据当时和他一起的发起人之一赵维荣的回忆，赵志成是重庆人，曾经就读于广益中学，毕业后因家贫无力升学，校长杨芳龄先生就介绍他去白理洋行和怡和洋行做见习生，由于他工作勤奋，头脑灵活，1935年被晋升为两家洋行的驻蓉代理人，主要是开展保险业务和推销电器材料。抗战开始后，两家洋行撤销了代办处，赵志成没有气馁，自己在春熙路北段孙中山铜像侧开起了一家耀华电器材料行，邀请广益中学的同学赵维荣和其内兄李春元帮忙打理。没想到天有不测风云，战乱时期，因电料行从东部进的货在半路下落不明，电料行损失惨重。

1940年，为电料行生意忧心忡忡的赵志成在重庆发现当地有一家咖啡店生意非常好，这家店的西点、冷热饮都非常精美，还有西餐供应，吸引了逃避战乱的很多下江人。赵志成脑子里灵光一闪：成都作为省会城市，有不少外地来蓉的人，不少单位还有外国人，目前成都这样的店铺几乎还是空白，自己的电料行地处春熙路，人流量大，要是在成都开一家这样的店，生意一定错不了。赵志成是一个雷厉风行的人，说干就干，回成都之后就把电料行的门面先改为冷饮店，专卖冷饮，一个夏天之后，店面赚了不少钱，这更加坚定了赵志成的信心。于是他把赚的钱都投入进去，并将店面迁到春熙南段，重新装修门面，取名为“耀华茶点室”，还请来一位师傅，专做西菜。但这位师傅做出的菜不受欢迎，加之设备落后，冷热饮也卖不动，渐渐又走入困境。

经过考察，赵志成发现原来的餐厅那位西菜师傅所做的菜品口味不适合成都人，成都人向来对食物的味道比较挑剔，而且有着比较强烈的地域色彩，西菜也应该入乡随俗。于是解雇了原来那位师傅，重新聘用了一位能做俄国大菜的徐桂芳师傅。赵志成还亲自参与研制菜品。每天只提供三菜一汤的点菜，而且品种三天一换。这种短平快的招式，很切中顾客尝新的心理，使回头客不断增加。店中的咖啡等饮品，一律采用进口原料。对果汁饮料如广柑汁，坚持用鲜果榨制。还请来专家对广柑汁制作进行指导，从而保证在夏天不出产广柑的情况下，也能有广柑汁销售。另外，还推出了冰激凌，赵志成托华西坝的朋友从国外购进一台电冰箱、一台冰激凌电动搅拌机，使用电器制作，避免了人工制作的质量不稳定的弊病。他还专门从荷兰买来一头奶牛，自己饲养，用这头奶牛的奶制作饮品。这样的效果是立竿见影的，没过多久，耀华又重新焕发光彩，一举扭亏为盈。

1945年抗战胜利后，很多从外省到成都的人都返回去了，成都市场上的购买力一下就小了许多，耀华也面临销售额下滑的窘境。赵志成暗暗着急，他通过观察，发现离春熙路不远的总府街有一家经营中式茶点的冠生园，尽管价格不菲，但生意相当好。他见这家冠生园因为价格高，很大部分工薪阶层的人吃不起，这就形成了一个市场空白，于是就有了耀华加卖中式茶点的想法，因为有以前做西菜失败的经验，他这次更加小心：要维持经营，自己原来的主业即西餐、饮料等不能丢，专注中式早点，而且集中发力，只做面条和包子。他集思广益，动员厨师和其他员工都来想办法，做什么样的面条和包子会受到市场欢迎？最后确定包子以鸡肉大包、叉烧包、豆沙包为主打，面条只卖鸡面、咖喱牛肉面、口蘑面，兑面条的汤一定要用原汁鸡汤，鸡汤用完就不卖

耀华食品公司的包装纸，上面印有总公司与制造厂的地址、电话（王大明收藏）

面了。如果有顾客吃不惯咖喱牛肉面，还赠送香油豆瓣一碟，以适应成都人的口味。对质量达不到要求的包子，就坚决不准出售，通过这些管理措施，耀华顾客盈门，经营业绩不断上升。

赵志成是一位头脑灵活的商人，耀华的业绩攀升之后，面点就供不应求，以前耀华都是向冠生园和上海的食品公司批量购进，难免会受一些制约。赵志成就起了自己生产的念头。他与重庆老大升的面包师郑顺林商量，由郑顺林投资烤制设备，来为耀华生产面包，只要质量合格，耀华就包销，这样解决了郑顺林对销路的后顾之忧，全心投入新产品的研制中。经过一段时间的磨合，赵志成又与郑顺林协商，收购郑顺林的作坊，其面包和其他西点的生产设备全部作价购入；郑顺林及其员工在耀华按月计发工资，郑的工资按最高额度发放，而且其原班人马包括生产仍由郑安排；产品的利润双方平分。赵志成通过这种充分让利于合作者的方式，激发了郑顺林的积极性，他做的面包、蛋糕等受到市民欢迎，一些华西坝的外国人还专门前来订购。尤其是大花蛋糕，更是热门货。1946年，赵志成用黄金百两买下了春熙西段45号营业用房的产权，后来又在新南门外西北支路购买了一套房子，将这里作为食品厂的基础，先迁入郑顺林的面包作坊，之后又以利润平分的方式引入一家生产小方糖的作坊与一家糖果作坊，耀华的食品的底子终于铺好，产品也很受市场欢迎，尤其是奶油球糖供不应求。值得一提的是，以前耀华的用糖都是内江的土法生产，口味、色彩都对糖果、糕点产生影响，引入的这家小方块白糖作坊的老板何祥福技术不错，生产的小方糖质量上乘，但苦于没有打开市场，正在一筹莫展时，赵志成找上门去，双方一谈即合。何祥福加入耀华之后，耀华的糖果糕点质量上了一个台阶，而且其小方糖也可单独销售赚取更多利润。1948年，赵志成又引入了中式糕点的技师白敬之，还是采用利润平分的办法，使产品迅速占领市场，尤其是红、白苕丝糖与奶油花生等成为热销品。而耀华的原奶供应也越做越大，从以前的一头奶牛发展到十头。到中华人民共和国成立前，耀华的员工已达60多人。

1949年成都和平解放前，耀华因战时状态而停业，和平解放后，耀华恢复营业，但因欠税，造成经营极其困难。当时正值成渝铁路和川藏公路修建，大批苏联专家来到成都，当时负责成都片区的一位铁路局领导为了安排好专家们的生活，就找到耀华，动员赵志成接下制作西菜的业务，听到赵志成欠税造成经营困难的情况后，就向川西行署和成都军管会反映，受到上级领导的高度重视，由川西行署行政处、交通厅、卫生厅、铁路局共同拨给耀华8000万元（旧币，耀华于1952年偿还），派专人监督使用，并由国家收购耀华的奶牛场。资金到位，赵志成就有了底气，于是决定在耀华对面的街面上新开一个饮食部，继续做西餐生意，还新增了中餐筵席。赵志成邀请当时成都有名的川菜馆荣乐园的创办者蓝光鉴和姑姑筵的老板黄敬临为顾问，邀请荣乐园的特级技师曾国华主厨，并将饮食部正式更名为耀华餐厅，请书法家余兴公题写招牌。耀华餐厅有了这些“大神”级的人物坐镇，迅速跻身当时成都的一流餐馆。1951年解放军进军西藏时，耀华食品厂承担了大量的加工订货任务，赵志成又在外南致民路新建了一座厂房，由耀华生产的食品，被大量运送到部队，为解放西藏做出了一定的贡献。

1953年赵志成和耀华食品厂全体员工一起申请公私合营，被纳入首批公私合营企业，据1955年中共成都市委统战部的一份报告《公私合营耀华食品厂改造资本家的初步经验》中记载，1953年，耀华已拥有固定职工169人，资方股东6人（其中一人未在厂工作），主要生产糖果、饼干、中点西点等食品，自设营业部对外批发零售，还有饮食部（耀华餐厅），全月产值共约13万元，是成都市私营食品行业中最大的一家。二十世纪九十年代初，耀华食品厂已经发展为拥有职工1000多人的中型食品厂，耀华餐厅也得到重新改建，生意更加兴隆。1995年，国内贸易部授予耀华“中华老字号”的称号。

第二节
著名医药老字号

成都华洋大药房

成都华洋大药房是中华人民共和国成立前成都地区最早制售西药的企业，可算是西药制售行业中的老字号。华洋大药房开设于1929年，经营地点就在商铺林立的成都上中东大街58号。上海、大连等地虽有同样以“华洋”命名的西药房，但与成都的华洋大药房只是名称一致，并无实质的关系。

成都华洋大药房主要出售西药，也经营原料药品、化学制剂、医疗器材、卫生材料、物理仪器、教学模型，以及乳品制剂、化妆品、玻璃制品、西药配方，还有照相器材等，现代味十足。华洋大药房店堂内挂有人体解剖模型和人体生理教学图案，在全省首开先河。

图左华洋大药房的“华洋肥皂”广告，图右为华洋制药厂的价目表（王大明收藏）

华洋大药房制药部（后改为成都华洋制药厂“下莲池车间”）就设在新南门附近的下莲池街34号（现建国东街），成都原来很著名的热盆景火锅店就在制药部的原址附近。制药部近似于作坊，其规模也就相当于中华人民共和国成立初期街办企业或生产组，但是华洋大药房能够自己制造部分西药，填补了成都没有西药制造业的空白。其最初的场地也是老瓦片平房，工人洗瓶、配料、生产药品到封装完成，大部分需要手工操作，生产过程当中飘散出来的西药气味很远可闻。虽说华洋大药房与制药部之间有三四条街的距离，但仍形成了前店后厂的格局。抗战期间，全民抵御日寇，制药厂还自制了一些急救药品。

据相关资料，华洋大药房开创时实行股东合伙，先后担任经理的有：刘培恩、刘梓安、陈焕卿、刘子鉴、张峻辉、赵瑀瑚、赵文吉等，资金按成立时的币制计算约计大洋10万元。由股东大会委任经理、副经理。另由经理指定营业主任、仓库主任、账房等职员。每年召开一次股东大会，发放股息及红利。

民国二十六年（1937年）前，华洋大药房的进货渠道主要是从当时商业最繁华的上海的多家药房购进，抗战爆发之后，转向中国香港、越南河内、缅甸仰光等地。抗战中期，也在内地市场和本地进货。当时的华洋大药房的成品药比较畅销，主要品种有灵芝十滴痧药水、儿友、补尔血、复方白松糖浆、鱼肝油等。1940年华洋大药房申请成立华洋化学制药股份有限公司、华华化学工业社，并向商标局申请"华洋"注册商标，"华洋大药房"商标得到批准。

在经营上，华洋大药房采取了坚持货真价实的原则，原料紧缺时，就采取高价收购，绝不买伪劣原料制药，明码实价，为自己赢得了口碑。它还注重宣传，在不少报纸上都能看到华洋大药房的广告；请曲艺界的相书艺人曾炳昆在自己的节目中"植入"推广的内容。相书是由口技逐步发展而成，与四川方言结合的表演形式，演出时，艺人坐在布帐中，旁边放着折扇、铜铃、莲花落等道具，以口技和道具模拟各种声音，讲述故事。一人扮演很多角色，常用谐音、语误、吟诗、歇后语、打油诗等方式，引人发笑，以幽默讽刺见长。这种形式潜移默化地宣传了产品，可以说是开了植入广告的先河。另外，在1946年，华洋大药房还雇请擅长绘画的人，在各个郊县街道以及道路旁绘制广告，吸引眼球。对新老顾客实行不一样的价格优惠，对达到批发量的顾客一定按批发价优惠，可达八折或八五折，而且一些情况下还可以去掉零头，零售药品则必按零售价出售，这样保持了大宗客户的稳定，赢得了好的商誉。华洋大药房为了控制成本，增加利润，还采取应对战争时期货币贬值的手段，即重物轻币，多存货保值。华洋大药房特别注意各地物价变动，加强信函和电报、电话的联系，利用时间差赚钱，如抗战胜利后，在上海购进美国的“克宁奶粉”，每磅800元（旧币），运到成都后就以每磅12000元（旧

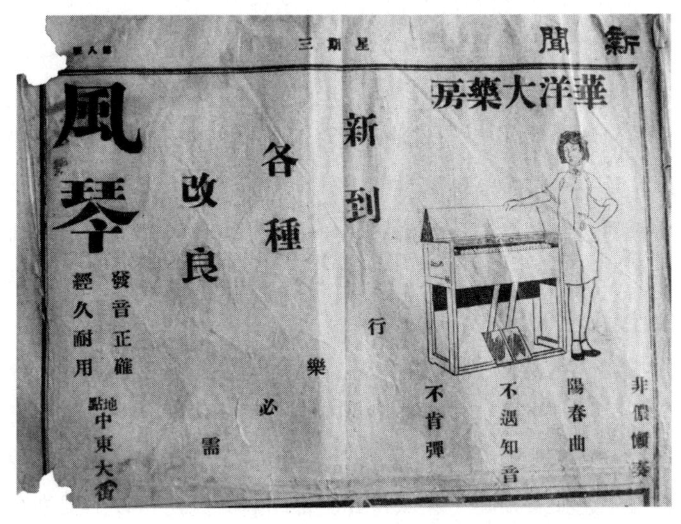

中华人民共和国成立之前华洋大药房的报纸广告，当时在其店铺里居然还售卖风琴（王大明收藏）

币）出售，获利在三倍以上。在包装上，华洋大药房也颇动脑筋，如畅销的十滴水，不但出了多种规格的包装，还在包装材料上下功夫，十滴水原来是以粗纸板做外包装，后来推出了上光软纸板，增强了美观度。这些经营手段在现在来看都不过时。

华洋大药房的管理层在内部管理上也十分注意，立下“号规”，全体人员必须遵守。其中主要有五条：一是不准偷盗挪用；二是不准吃盘带帽，就是买卖的货物，不准少报或者多报价格，从中渔利；三是要服从分配，对分配的工作不能抗拒；四是不许经营本企业经营范围内的私生意；五是不许代亲友及同业买卖（非营利性药品或者事先请示的除外）。这些“号规”对店员起到了很好的约束作用，保证了企业的正常运营。

中华人民共和国成立以后，公私合营的华洋大药房与下属的制药厂生产规模有较大增长，其著名的品种有补尔血、霍乱吐血水、止牙疼水、麦精鱼肝油、烂眼治油膏、生肌白玉膏、儿友片、止咳杏仁精、胃立康、大黄苏打片、大黄末等药品，华洋肥皂以及片、油、酊、液多种剂型，一共大约有上百个品种，是当时成都西药制售品种最全者。华洋大药房的制药厂，即是成都制药二厂的前身。除了药品，其制售的“美美霜”“华洋牌肥皂”长期以来也受到顾客的广泛欢迎。

华洋大药房药品都必须经过药剂师严格检验，在产品合格后，方可出厂交付销售。药房设有专门的函购部，外埠购户可酌加寄费汇费，在药房的交易简章里还说明了交邮局寄出之本牌药品，在中途如有损坏，经取得如实证明者，药房可以照损失数补发，以免顾主遭受损失，而寄费与包装木箱费用应由买主承担，外牌药品不在此列。所谓外牌，即非本厂产而是经销其他厂牌名的药品。所有需要药品的买主一律先款后货。其药品的购销、优惠幅度、运输途中货损解决方法，今昔基本上大同小异。

华洋大药房职工总数不到100人，主要都在东大街门市部与两个分店和药厂上班。进店的一般职工都要从学徒开始，1940年后改叫练习生。练习生和杂工一般没有休息日，比较重要的部门人员约有20人，可以轮流休息一天，每月店里安排理发师到店为店员理发一次。职工生病，西药在店里记账，中药费用自理，经过经理批准可以借支一些钱。家住外地的职工，每年腊月可请一个

华洋大药房的药品广告（王大明收藏）

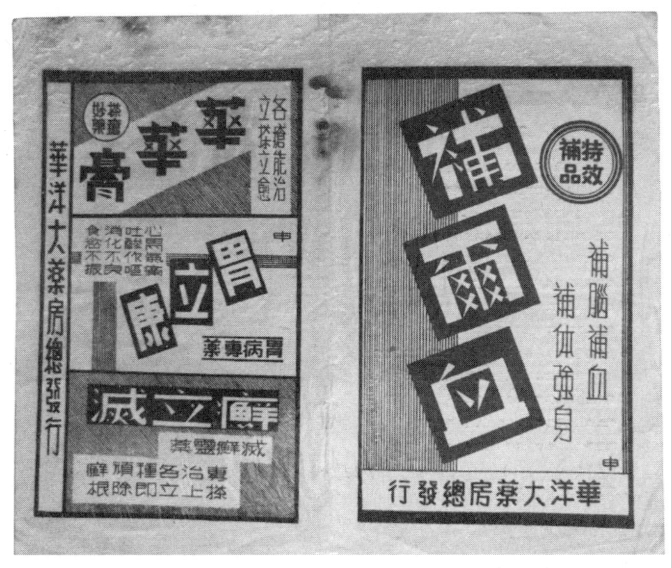

月左右的假回家，路费自理。未满三年的练习生，春节前后不能请假回家。药房的执业药剂师具有药学专业大学以上文凭，且懂外语，负责销售和质量监理。

随着业务的增加，原有的生产场地难以满足需求，二十世纪五十年代，又在五世同堂街65号选定了新的厂址，打的招牌仍是“公私合营成都华洋制药厂”。厂设办公室、供销股、财会股等行政业务部门，厂门与成都第二中学校相对。

成都萧长兴老号

江西、四川都是盛产药材之地。说起江西省清江县的樟树镇，更是驰誉天下的药都，药材国内集散地之一。远在清代咸丰年间，清江本地人肖鼎元与同乡一起往来于江西四川两地之间，长途贩运药材，利用地区差价赚取银两。“江西老表”在蓉做药材生意日渐增多，如江西清江籍的陈发光就在王道正直街口（现总府街）开设了成都同仁堂。药材行商的日子久了，肖鼎元手上攒了些积蓄，又靠中药附子滞销低谷时“吃进”，市场需求旺盛时脱手，又赚足一笔。于是思虑再三，不想再从事劳苦奔波、劳神费力的行商买卖，筹划在成都择址开店，稳定之后再结婚安家。

清同治九年（1870年），走马街往新南门方向，五开间铺面，横匾“萧长兴老号”开张营业，老板就是肖鼎元。他聘请特别懂行的人作头号掌柜，负责帮工的培养及药号的全面管理。老号出售地道药材饮片，并遵古法严格加工炮制，对购药的病家做到礼貌待人和气诚信。到民国初年，萧长兴老号很快跻身成都药铺里的“十大堂”。

萧长兴老号除了中药精制饮片配方外，也加工传统的膏、丹、丸、散剂型，最有代表性和影响力的当属根据古方研发的紫雪丹，选用珍稀名贵西（犀）角、麝香、羚羊角、沉香等凉性药材秘配而得。紫雪丹主治患热邪入体、高烧不退及昏惑发狂、烦躁者，疗效很好，一时名震八方。据成都市总商会100周年《凝眸

肖氏三大房先后出生的子女统一排行，男的排行男的，女的排行女的。老照片（左二）为二大房萧长兴老板的女儿，即肖瑞棋的妹妹肖瑞华，在三大房里第四个出生的女孩，按顺序排行老四，所以同辈通喊四姐，下辈包括萧长兴的学徒喊“四孃”（李素芬提供）

飞越百年》画册里的相关文字：1949年后还有人提到萧长兴的紫雪丹比当时才到成都的西药盘尼西林还好，盘尼西林退烧要13分钟，而紫雪丹只要8分钟。

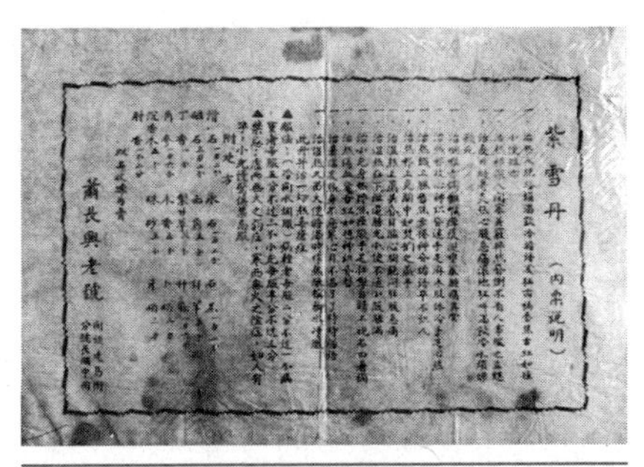

萧长兴老号的紫雪丹内票说明（王大明收藏）

萧长兴老号老板家大业大之后，请的帮工和学徒日渐增多。供这么多人的一日三餐，不能只靠店内收入，他还在南郊石羊场购有田地。帮工王发钦，1945年从川南仁寿乡来萧长兴老号当学徒时才13岁。中华人民共和国成立后曾在成都市第一门诊部中药房工作。1966年调入峨眉中药学校（现四川省中药学校）担任教师的姚孝元师傅，其中药配方、制剂、炮制、刀工样样精通，指导和培养很多中药的后继者，姚孝元才11岁就入萧长兴老号当学徒，时称“童子学工”。萧长兴老号最得意的大徒弟李继辉技术全面，做的丹药、蜜丸、熬膏、水打丸样样都好，他熬制的银耳汤不起泡泡。中华人民共和国成立后，他调入成都工农兵制药厂（即成都中药厂的前身）。因工作需要，他随后调去地处水碾河的成都中药研究所，作为骨干之一，担任《成都药膳》一书的主笔，不愧是元老级的多面手。李继辉在当时成都市中药行里的工人中是唯一的八级工。春熙南段的德仁堂药号的开创人物宋广存，是公私合营时的资方人员，也曾在萧长兴老号上过班。成都中药界有名的吕志成、刘继辉都在此工作过。

肖鼎元娶妻安家立业后，生育有三子。三子长大以后都分别成家，成为肖氏第二代的三大房。大房育有三个女儿，都读到大学毕业，选择教师职业。二房继承了老号成为萧长兴老号的老板，育有三儿两女。老板患病卧床后，即把萧长兴老号交由长子肖瑞棋，成为少东家，肖瑞棋大学毕业后，本在银行履职，其父让他子承父业，掌管萧长兴老号的全面业务。早在二十世纪三十年代，萧长兴老号的业务兴旺，又在少城的长顺中街开设了分号，由肖氏的大房经营。三房又称幺房，三房肖实之育有二儿一女，女儿肖瑞芝以前在刃具厂工作，已逝。瑞字辈的肖瑞君是国内有名的放射科学专家。

肖瑞棋接掌萧长兴老号，成为第三代老板，他善于经营业务。1953年1月，首届成都市工商业联合会召开代表大会，肖瑞棋与同仁濮世珍（后任成都市中药材公司副经理）、张雅斋、陈德远担任工商联下属分支的医药商业同业公会的副主委。1956年国家开展公私合营，肖瑞棋担任公私合营萧长兴门市部经理。

作为寓意长久兴旺的百年老字号，萧长兴老号、分号因肖氏家族的后人没有人学中药这行，而退出历史舞台，没有传承下来，令人惋惜。

成都萧集翰老药号

清光绪二十六年（1900年），萧集翰老药号由萧特之开设于成都提督西街58号。该药号二十世纪六十年代改名为“东风路第二中药门市部”，1978年恢复老字号又被改回来了。萧集翰药房近百年的经营历史，原址未变。

店铺为青瓦房，一楼一底的木质结构，有三间铺面，经营中药咀片配方、中西成药，制作中药的膏、丹、丸、散的传统剂型，与其他药房的营业项目没有太大区别。店堂内挂有多幅名人字画，琳琅满目。瓷坛罐装中药，用的抽屉药柜子，摆纸、称药的拦身柜都是楠木老家具，裁纸包药的弯镰和清洁柜台的鸡毛掸子挂在药柜侧边的钉子上，古色古香的布局一直延续下来。

药房后面是一个简易作坊，放着加工药粉的碾槽，做水打丸的打盘，轧药的刀凳，以及其他加工炒制中药的锅灶、桌凳等。楼上是保管中药的库房，中药每天都得靠人工搬上搬下。中药用水浸润后切片，需要晾晒，一般药房用竹编簸箕或晒席放街沿边，而萧集翰药房所处繁华闹市，只好在库房之上自行搭建一层晒楼。

萧集翰独创的“虎骨药酒”功效卓奇，名声远扬，卖得最好。酒剂的主要成分为虎骨、猴骨、红花、杜仲、木瓜、川芎等40多种药材配方。原方由老板私人秘藏，卖完一批又浸泡一批。当需要新的一批虎骨浸泡时，老板亲自从库房配好中药拿下楼来，交给他人去装坛泡酒。随着老虎列入国家濒危动物受法律保

二十世纪五十年代萧集翰的虎骨药酒广告与瓶标（王大明收藏）

1916年萧集翰在四川群报上作的报纸广告，上面标明了老号在上南大街，分号在提督西街（王大明收藏）

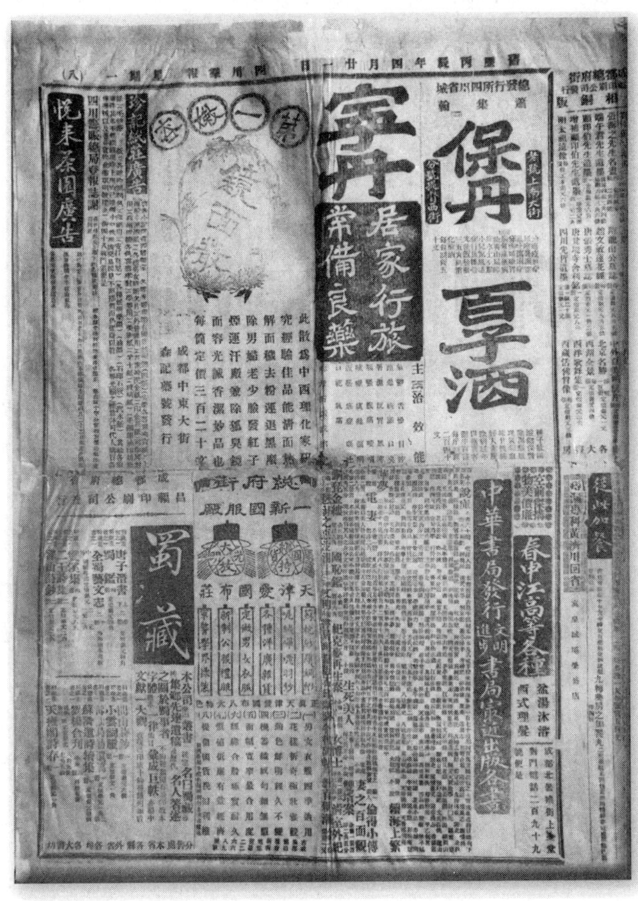

悅來茶園廣告

居家行旅
常備良藥

此散為中西理化家研究經驗佳品能潤面熱解面粉去粉運退黑斑除男婦老少臉質紅子燥運汗癬兼除狐臭銹面容光潔香潔妙品也每價定價三百二十文

成都中東大街 森記藥號發行

一新國服廠

天津發國布莊

蜀藏

中華書局發行 文明進步書局發行出版各書

春申江高等名種

猛湯沐浴 西式理髮

护，凡含有虎骨成分或以虎骨取名的产品被禁，虎骨药酒的实物市面上就绝迹了。二十世纪六十年代中期，白酒凭票供应，喜欢喝酒的人把目光转向药店的虎骨酒及其他中药成分的酒剂产品，买来做酒的替代，虎骨酒因此一度供应紧俏。

成都中医学院药学系教授徐楚江是从萧集翰药房走出登上大学讲台的佼佼者。他是成都人，14岁在成都会龙堂药铺当学徒。1949年，徐楚江、刘国泰参加过成都“四七”药工大罢工。他是公认的成都中药界的老前辈，并被中药同行引以为豪。经他指导的学生，如今有些是著名药企的高管，可谓桃李满巴蜀。

公私合营时期，走马街萧长兴中药门市部经理肖瑞棋因为人事变动，后来调入萧集翰药房，卖成药至退休。肖瑞棋喜欢京戏，有时值夜班要吼两嗓子。二十世纪六十年代萧集翰药房资方人员肖文治因支援三线建设，被调到汶川，因肖文治的调动，虎骨酒的处方也被拿走，加之虎骨、猴骨的货源紧缺，萧集翰的“虎骨药酒”经营60年后结束。肖文治调入汶川后，还是从事中药本行。

二十世纪七十年代，原属成都市中药材公司管辖的萧集翰药房等十家药店被精简，精简以后下放到西城区中药材公司变为区属管理药店。后来，萧集翰的老招牌却出现在西门的石灰街，原来是改革开放不久，西城区中药材公司想借萧集翰的名气，重振企业雄风，结果事与愿违。1998年，药房背面修新的石油局办公大楼，搞退街扩路建设，处在“夹缝”中生存的这个萧集翰药房生意难以为继而关门，彻底和这座城市说再见。王德正、陈厚俊、王昌蓉等一批老药工成为最后的见证者。

成都同仁堂

成都同仁堂古时候是啥模样？有一本旧书，封二有一张图片，一间店铺的招牌为“同仁堂老铺”，还有文字：本铺成都省城第一号，坐北朝南，地址湖广馆街。关于成都同仁堂的开设年份说法不一，有的书上说陈同仁堂由江西人陈发光于乾隆五年（1740年）开设，距今已有270年历史，而有的资料说同仁堂开设于乾隆四十五年（1780年），两种说法里的年份相差40年。

那张图片比较模糊，但匾额清楚，屋檐下的大匾额是：“同仁老铺”，两边分别是“专门丸散”“实价无折”横匾。大匾下面是“陈同仁堂”小匾，右边是“童叟无欺”，左边是“货真价实”，且都是横匾。

早年的成都同仁堂（以下的陈同仁堂）不搞饮片配方，只制作膏、丹、丸、散，前店后坊，手工操作，生产规模小，工具简陋。有段顺口溜曾这样形容旧时中药铺的手工制药：洗药切药水缸板刀，煅制炙炒铁锅土灶，粉碎药末石碾铁槽，大丸小丸手搓匾滚，提取浓缩大锅煎熬，成品干燥日晒火烤。

老板陈发光通过几十年的努力，广泛收集散落民间的单方、秘方、古方、经验方，又通过实践筛选甄别，把确有疗效的处方，做成同仁堂的制药蓝本，又在蓝本基础上制作各种膏、丹、丸、散等中药剂型，用于儿科、妇科、内外科等多种常见疾病。

因遵循古今医典规定，进货选择优质道地药材，配方合理，下料准确，精心制作，严把质量关，陈同仁堂的中成药久负盛名。

同仁堂的药目，便于顾客查阅（王大明收藏）

二十世纪八十年代成都同仁堂滋补药店店面及顾客在店内品尝药膳的情形（王大明收藏）

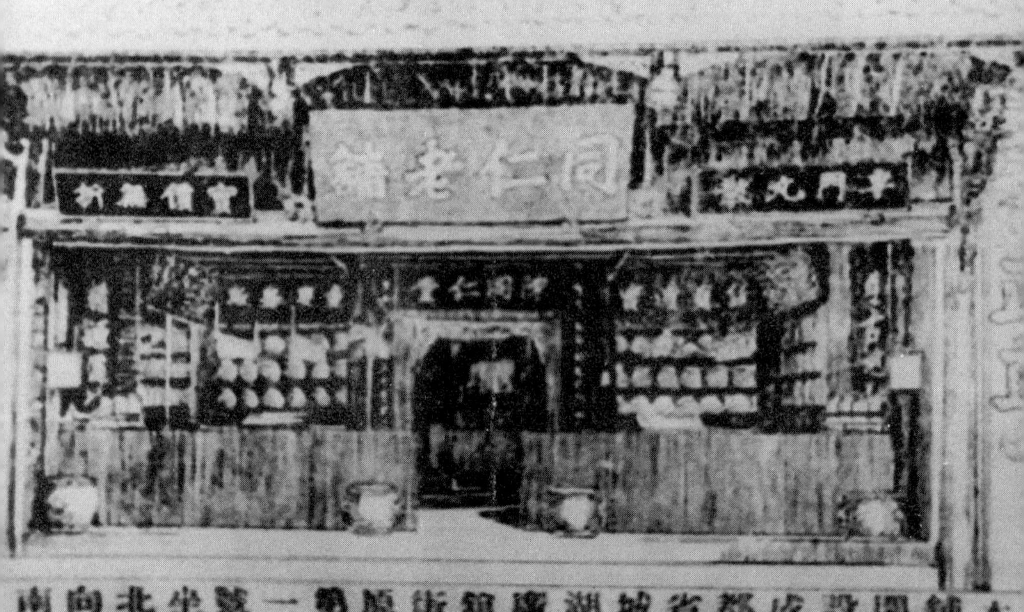

成都同仁堂“同仁老铺”，在下面标明了位于湖广馆街的店铺（王大明收藏）

二十世纪八十年代的成都同仁堂滋补药店
（王大明收藏）

1956年，国家对工商业进行改造。在这一阶段，中成药生产逐步施行工商分离，中成药不再通过原始手工制作，曾经前店后厂（坊）的药铺采取合并、调整、集中的办法，把离开门店作坊的技术工人及相关人员重组，统一划归到药厂去。

随着时代变迁，陈同仁堂一些在民间很有口碑的中成药渐渐消失。比如专治痈疮及无名肿毒的蟾酥锭。蟾酥锭的主药取自蟾蜍分泌物，其采收和提取比较麻烦，加上国家医药管理部的明文规定，把蟾蜍划为有毒药品，这很有可能直接导致蟾酥锭停止生产和销售。又比如人参归脾丸，虽说如今还能在药店买到此药，但是已不是由陈同仁堂生产的。

关于人参归脾丸，笔者还留有当年由小科甲巷第一号和益印刷局代印的，1950年顾客苏玉华买药的两张仿单，实际上是药品说明书，其上没有中药配方成分，只介绍了功能和服法。仿单的特别之处是在品名“人参归脾丸”处加盖了红色“弍两”字样，每两处加盖“壹仟捌佰元”的红色字印。从仿单上可以看出当年的销售方式：顾客指明要买“人参归脾丸”，头柜先生问买多少？顾客答“弍两”，头柜先生便拿出仿单，写上顾客苏玉华的名字，盖上药品数量、单价和应收款，顾客交款后凭仿单取货。苏玉华是成都宝星实业有限公司的职工，她所购的人参归脾丸也被列入1950年10月17日该单位支款单中。两张仿单的共同点都介绍了陈同仁堂老铺的地址和经营宗旨，它们被夹在废旧账本中流入社会。

原来陈同仁堂老房子的风火墙修得非常坚固，店堂里面光线很暗，堂内堆放着一箱又一箱的中成药，后来改为仓库的时候，常有一两个人端着茶杯坐在竹椅上看守。

成都同仁堂装药的药罐、药瓶与药膳广告单（王大明收藏）

二十世纪八九十年代，在陈同仁堂的旧址开设了“成都同仁堂滋补药店”，药店招牌由号称“写遍半个成都”的周铁城所写，字迹工整、劲道十足。

周铁城书写招牌落款有三种：周游、铁城周游和本名。他写招牌时，只用爬上挂着油漆桶的梯子，用排笔直接蘸漆书写，一气呵成，而且每个字的间距匀称，能为店家节省很多费用。他在城内书写招牌时，往往有不少市民围观。他为成都各类商店写过很多的招牌，因此又有“周半城”的雅称。

德仁堂

四川德仁堂是中华老字号。创办者是出身医药世家北京同仁堂的乐达仁。乐家原籍浙江宁波，世代以卖药为生，到明朝永乐年间由宁波迁至北平。清朝初年，乐家第四代子孙乐尊育当上了太医院吏目，因其给皇帝、后妃等治病而名声大振。后来创办了“京都同仁堂乐家老铺”，从韩愈所写的“是故圣人一视而同仁，笃近而举远”（唐·韩愈，《原人》）一句中取“同仁”二字，认为这二字公而雅、慈惠仁作为店名十分贴切。其子乐梧同虽未考中举人，但子承父业，于康熙四十一年（1702年）正式开设同仁堂，经营中药。

由于乐家与清廷皇室的关系，至雍正元年（1723年），同仁堂已成为专给皇家及达官贵人供药的“御药房”，在经济上大大获益，同业者皆无法与之比肩，加之独到的经营特色，同仁堂的生意兴旺不衰。

辛亥革命后，清廷覆灭，近代同仁堂失却了封建政权的后台，加之当时药材采办价格不稳定，生意渐渐走向了衰落，乐氏家族四大房之间产生了不少矛盾。家族四大房中的乐达仁在天津创办了以自己名字命名的达仁堂药号和药厂，传承乐氏祖上经营秘诀和生意理念，以求东山再起重振雄风。在天津站稳脚跟后，乐达仁又把业务发展到了全国各地。民国十三年（1924年）成都春熙路建成后，乐达仁派人到春熙路南段建起了药店，保留了“达仁堂”的招牌。可是达仁堂为何在1948年又取名“德仁堂”

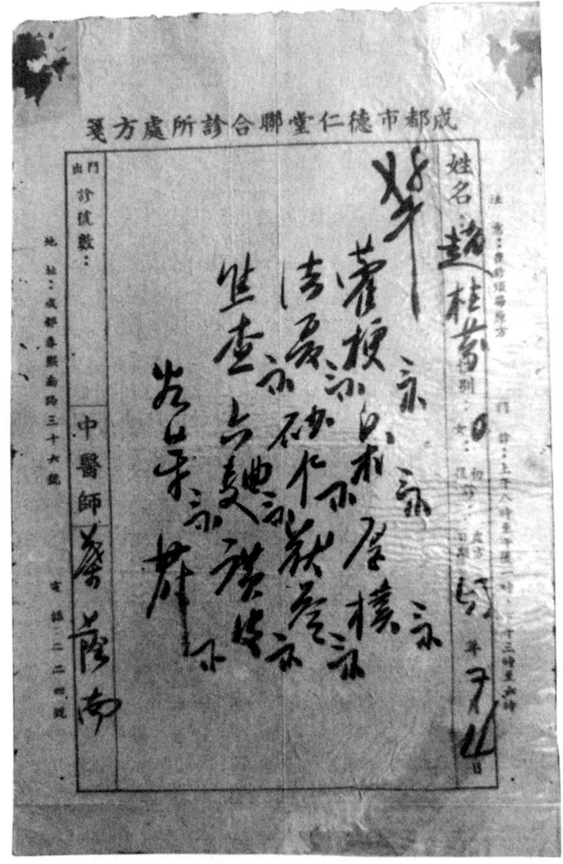

成都市德仁堂聯合診所處方箋

姓名
性別
年 月 日

門診 出診
診號數：

中醫師

地址：成都春熙南路三十六號
電話：二二二四號

1953年7月成都德仁堂联合诊所中医师叶荫南开出的中药处方（王大明收藏）

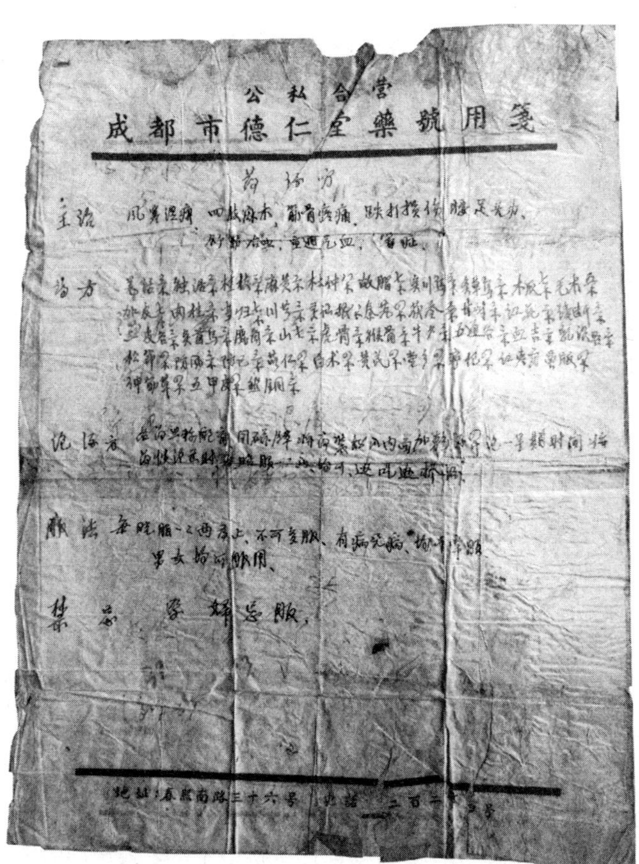

公私合营

成都市德仁堂藥號用箋

藥酒方

主治　风寒湿痹　四肢麻木　筋骨疼痛　跌打损伤　腰足无力

[illegible]

药方　[illegible]

泡酒方　[illegible]

服法　每晚临睡服一二两左右，不可多服。[illegible]

男女均可服用。

禁忌　孕妇忌服。

地址：春熙南路三十六号　电话　二百二十[illegible]号

公私合营时期成都德仁堂的药方
（王大明收藏）

呢?

有一段资料这样说，北京“乐氏”同仁堂来成都开分店，因为与成都同仁堂同名，在经过诉讼败诉以后，改名“达仁堂”继续经营，但这个说法没有充分的证据能够说明。

实际上乐达仁派人到成都开的确是达仁堂分号，各地使用的都是达仁堂分号，现在西安仍能见到达仁堂的招牌，在老德仁堂的员工印象里没有诉讼之争。达仁堂改名德仁堂，是因为天津快要解放了，资本家怕担负太大的名气，阶级成分“升级”，所以老板就通知分店，说达仁堂的牌子不能再用了。成都的达仁堂分号得到通知后，分号老板安排他的两个管事，也是之前跟他学习的徒弟刘恩博和宋广存当经理。原本在达仁堂隔壁卖百货的江世英，听到达仁堂要改名的消息，就给经理讲想合伙入股，把达仁堂的生意接过来，老板同意了，经过商议，达仁堂就改成了德仁堂。德仁堂的招牌是请华阳人袁楷写的。江世英脑袋聪明，思路灵光，1949年后和合伙人商量设诊所，扯横幅宣传，扩大影响面。他聘请黄绍芝、廖伯英、叶荫南等中医坐堂为病家诊病，还采取了请进来走出去的方式，面向工农送医送药下厂下乡（如送药到裕华纱厂、申新纱厂等企业很受欢迎）。

德仁堂虽是由达仁堂号而来，但世事沧桑，如今的财产和经营跟达仁堂没有关联。

二十世纪六十年代前后，该药店集中了一批从民国时期走过来的药工前辈，如岳超云、王发钦、梅绍基、刘正刚等，他们技艺精湛，为德仁堂的发展作出了贡献。

德仁堂一楼用作饮片配方，也就是俗称“拣中药”。压处方单子的镇纸是玻璃材质做的。拴药的纸绳是街道生产组的产品

（有时候也用麻绳拴药）。纸绳穿根粗铁丝悬挂在店堂的上空，拴药包时就扯绳子，用绳捆药包时，把纸（麻）绳攥在手中，不用剪刀，一扯就断。有的顾客对此感到好奇，忍不住想试一试，却往往把手指扯到流血。其实这扯断绳子的功夫并没有多少技术含量可言，不过是一瞬间的巧劲使然，靠的是熟能生巧，顾客啧啧称赞：“手劲真大！”

德仁堂的六神丸包装（左图上、下）与售药凭单（王大明收藏）

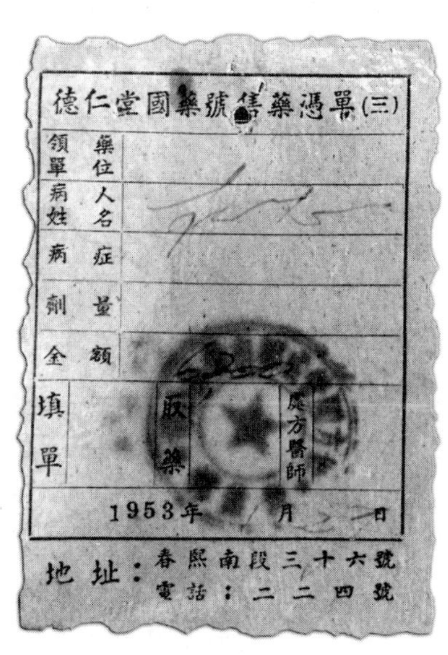
德仁堂國藥號售藥憑單(三)

領藥單位	
病人姓名	
病症	
劑量	
金額	
填單	取藥　處方醫師

1953年　月　日

地址：春熙南段三十六號
電話：二二四號

德仁堂的二楼是药材仓库，那时候岳超云是保管员，每天要负责来货入库，工作量非常大。后来德仁堂安装了升降机，成为成都市首家具有升降机械的药店。

岳超云家住南门西都街老城墙边（今上池北街），他习惯从家走路到德仁堂上班，自民国时期迁居成都几十年来，他的仁寿口音一直不变，爱抽叶子烟——但不要烟杆，这样现在叫“吹黑管”。德仁堂在成都市民心中享有盛誉。顾客不怕麻烦，不嫌路远，都愿意到这家药店抓药，图个药材地道，遵古炮制，货真价实。加上代客熬药、寄药，配售零星缺药，加工膏、丹、丸、散等服务项目，德仁堂每天顾客盈门，营业收入在当时名列同行业前茅。

德仁堂还率先研制起了中药配方机器。当时德仁堂集中单位略懂电器知识和无线电原理的人员，组成了一个班子，远赴上海学习取经，历时一个多月才“学成”归来。

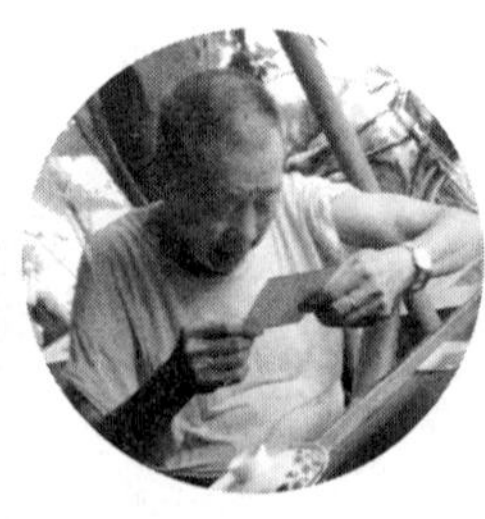

德仁堂的老药工，左起曾兆伦、夏治安、王发钦

中药配方机体积庞大，占据了药店配方部的一半空间。铅铁皮做成的多条管道，从楼上药材保管室直通配方部的操作台，操作台上的各色按钮，蛛网般的电线，以及其他各类电子元件，合成了一部复杂的配方机械系统。可惜配方机建成后一直未能调试到理想状态，根本就没法投入使用，反而远远不如传统的手工操作。中药的构成很复杂，有动植物类、矿物类、加工合成类，如种子、粉末、果实在管道里面可以流动，但蓬松的中药如淫羊藿、竹茹、红花、丝瓜布等就“走”不动，必然引起堵塞。在当时还要用棒棒去敲打。即或配好了，仍然可能因配方药量不准，药材缺失，影响疗效。顾客当然不会买账，这台配方机最终去向不得而知。

原中国书法家协会副主席、已故书法家朱丹为德仁堂题字的事情，还有一段佳话。当时德仁堂想找名家题写店名，中国歌舞剧院的成都籍作曲家曾翔天老师提议请朱丹写，中国歌舞剧院的院长著名词作家乔羽引荐住在对面的书法家朱丹。经办此事的王大明与乔羽同来到朱丹家里，请朱丹题写“四川德仁堂”，此时朱丹已重病缠身，当时题写了两幅，把其中写得最好的那幅交给了德仁堂。朱丹、李纳夫妇从青年时期投身革命，奔赴延安，在毛主席身边工作。在收藏的资料中，能见到他俩的回忆片段。李纳老人已九十高龄，是我国第一位彝族女作家。李纳写给王大明的信札，朱丹先生留下的珍贵遗墨，都为德仁堂增添了光彩。

成都庚鼎药房

成都庚鼎药房始建于清光绪二十六年（1900年），这年是庚子年。为纪念开业，药店老板请铁匠铸仿古鼎一座，庚鼎药房因而得名。也因此，后来药房的注册商标取名“古鼎”。

老成都人都晓得旧时北门有处雄伟高大的古城楼，下面是很大一个门洞，叫“鼓楼洞”，鼓楼洞街就在这里。过了这个洞，连着就是鼓楼北一、二、三、四街。前店后厂的庚鼎药房所在位置就位于鼓楼北二街38号。街道两侧都是小青瓦木质穿斗结构的楼房。药房配制销售的渴龙奔江丹，在成都本土家喻户晓。

市民刘祖舜小时候家住双栅子街，有年夏天去喇嘛庙附近的河沟游泳，不小心脚被河水中的尖利物扎了，只能一瘸一拐走回家，家长怕感染化脓，给了他几个硬币，说：“你既然走得回

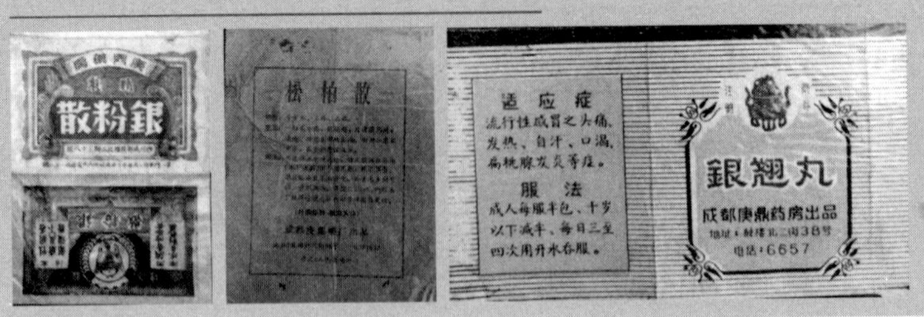

庚鼎药房所产几种药品的包装（王大明收藏）

来，肯定走得到药房去。”他又一瘸一拐地穿过内姜街走到庚鼎药房，买了渴龙奔江丹回家后自己包扎。

《成都庚鼎药厂产品目录》是二十世纪五十年代庚鼎药厂未被合并前所使用的。包括渴龙奔江丹在内，目录中大多数中成药都停产停售，不容易见到了。在目录中，为保守秘密，大多数需要对外公布的处方都被简化，而且目录中治疮毒未破的代刀散，治跌打损伤外用的跌打五花散，治痔疮肿痛，坐卧不安的灵芝愈痔丸，根本就没有处方记载。

庚鼎药房所配制的渴龙奔江丹传媳不传女，配方掌握者曹彬如的娘家人姓李，她的身份据老药工猜测，或许就是上一代秘方掌握者的媳妇。制作渴龙奔江丹的前一道工序是水银升丹，升丹以后的最后一味药材要拿到隐秘的房间后才加进去。虽然1949年后曹彬如将秘方的内容分三次献给了政府，但似乎并没有透露水银升丹后拿到房间内加的什么药材。

渴龙奔江丹具有提脓拔毒、化腐生肌的功效，能用于疮疤已

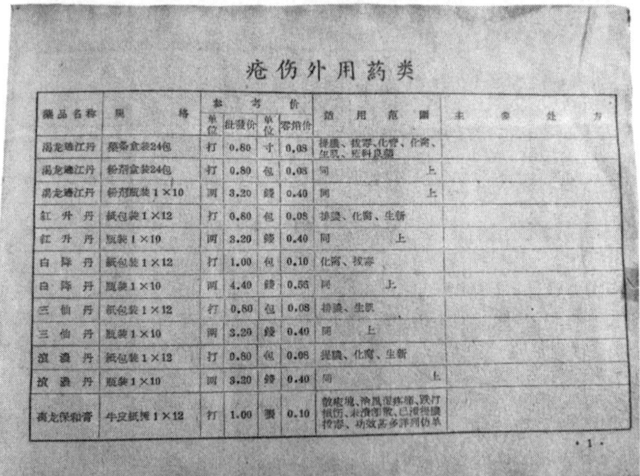

疮伤外用药类

药品名称	规格	参考价				适用范围	主要处方
		单位	批發价	单位	零售价		
渴龙奔江丹	药条盒装24包	打	0.80	寸	0.08	排脓、拔毒、化管、化腐、生肌、死肌良药	
渴龙奔江丹	粉剂盒装24包	打	0.80	包	0.08	同上	
渴龙奔江丹	粉剂瓶装1×10	两	3.20	錢	0.40	同上	
紅升丹	紙包装1×12	打	0.80	包	0.08	排脓、化腐、生新	
紅升丹	瓶装1×10	两	3.20	錢	0.40	同上	
白降丹	紙包装1×12	打	1.00	包	0.10	化腐、拔毒	
白降丹	瓶装1×10	两	4.40	錢	0.55	同上	
三仙丹	紙包装1×12	打	0.80	包	0.08	排脓、生肌	
三仙丹	瓶装1×10	两	3.20	錢	0.40	同上	
[illegible]丹	紙包装1×12	打	0.80	包	0.08	提脓、化腐、生新	
[illegible]丹	瓶装1×10	两	3.20	錢	0.40	同上	
青龙保和膏	牛皮紙装1×12	打	1.00	張	0.10	散疮塊、除風湿疼痛、跌打損伤、未潰消散、已潰提脓拔毒、功效甚多詳列仿单	

·1·

庚鼎药厂的产品目录（王大明收藏）

庚鼎药房原来的招牌药“渴龙奔江丹”，后来由成都市中药厂制造，图为二十世纪九十年代的产品包装与科研资料汇编
（王大明收藏）

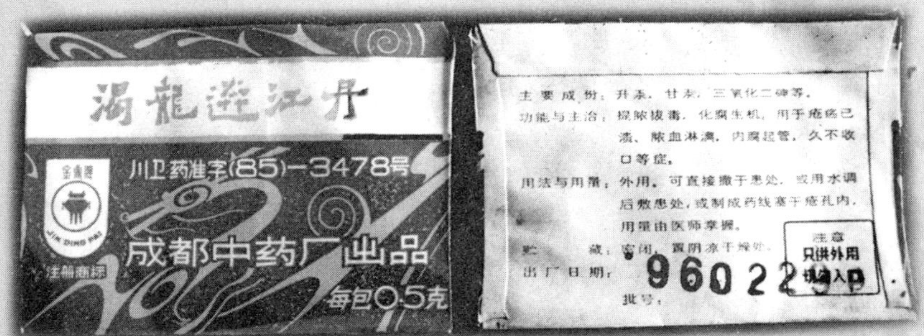

溃、脓血淋漓、内腐起管、久不收口等症状。渴龙奔江丹的秘方由曹彬如掌握时，病家使用痊愈后时创面不结疤。而后来由庚鼎药厂生产的渴龙奔江丹，却有一个缺点——创面会结疤。渴龙奔江丹主要成分包括水银，含升汞、甘汞和三氧化砷等。为避免汞中毒，四川医学院专家提出不用水银，用其他药材代替，以保持药品功效不变，但创面不结疤的技术却一直没有攻破。

以前，成都庚鼎药厂设第一门市部于下西顺城街人民商场内，并把厂（场）址印在瓶笺、标签及外包装上，开大型商场设置药品专柜的先河而且很便民，实现企商双赢。商场药品专柜主销庚鼎药厂自家产品外，药厂也把渴龙奔江丹等其他产品交给成都医药站包销。当时渴龙奔江丹有几种规格，各中西药房都有售。过去郊县来的人上成都，走的时候都要买不少渴龙奔江丹，好回乡下赶场摆摊赚钱。因此，此药多年一直畅销。

渴龙奔江丹交由成都中药厂生产后，注册商标由原来的“古鼎”牌改为“金鼎”牌。因生产中存在毒性、造成环境污染，渴龙奔江丹被新的产品所替代，庚鼎药厂后来也停办了。

庚鼎药房铺面是常见宽街檐带立柱门面，上盖琉璃瓦，飞檐翘角，挂有几块老匾。城市改造中，许多老建筑被拆除，庚鼎药房的铺面也在其中。

益康药房

成都的滋补药铺，主要销售人参、鹿茸、燕窝、蒙桂（简称参茸燕桂）。这些铺子是在民国十二年（1923年）以后才出现的，大都属北京、山西等地药铺总号老板“扩张”，在成都设立的分号。益康药号就是成都滋补药铺中经营规模最大、品种较为齐全的一家。

益康药号位于成都春熙路北路73号，民国时期的全名叫“北平益康参茸药庄”，另外东御街广味香雪海隔壁还有一家“北平同济药号”。

“本号采办吉林人参、黄毛鹿茸、福建官燕、花旗野参、黄毛茸片、梅花鹿胎……各种药料、中西各药、膏丹丸散名目繁多。”这是民国三十一年（1944年）9月28日，益康药号售出通江银耳贰两，大套红印刷用毛笔手写的发票，上述内容为发票的附属广告。贰两通江银耳共收“国币”捌佰元，经手人：李某“捌佰元”“两清”处加盖“北平益康参茸国药庄销售图章”“费用曾德成”章和“老药铺”闲章，贴国民政府印花税票共计“叁元贰角”，面额壹元的三枚，贰角的一枚，足见民国时期益康参茸国药庄把经营特色、品种、营业地点都通通融入发票，最大限度起到传播信息的效果。其发票使用和银货结算程序以及严格的财务规定由此可以窥见。

笔者还发现了一份与益康药房有关的《四川省政府中央国医馆注册医师程翰卿附京同仁堂老药铺启事》。该启事中称，这位

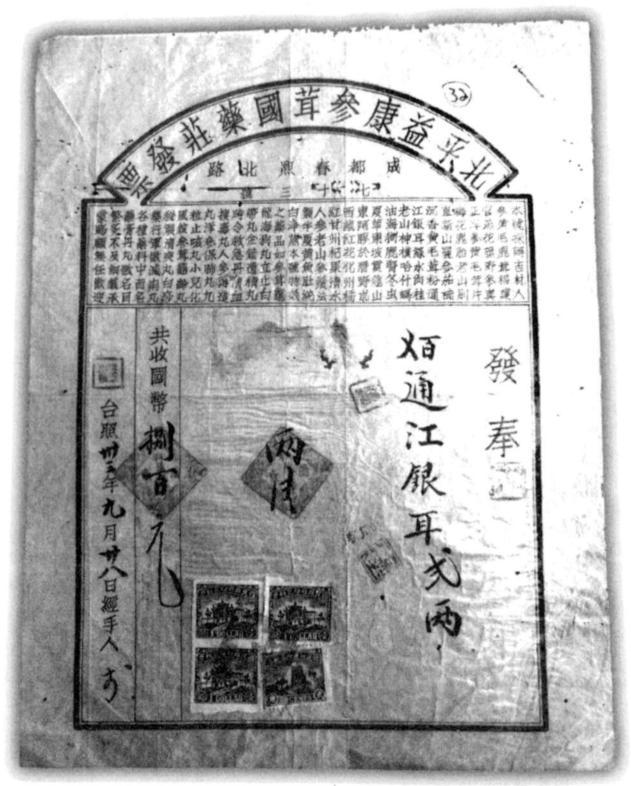
北平益康參茸國藥莊發票

成都春熙北路

發

奉

佰通江銀耳弍兩

共收國幣

捌百元

台照 卅三年 九月 廿八日 經手人

民国时期益康参茸国药庄出售通江银耳的发票（王大明收藏）

名叫程翰卿的注册医师，曾于1936年任益康药房的经理，后离开益康药房，加入北京同仁堂老药铺。他在益康时，曾督制过参茸龟鹿海狗丸等药，受到各界赞许。

启事残件上印有“认明商标肖像”“谨防无耻假冒”的提示语。民国时期的国医大师和药铺老板已经非常注重肖像和商标的使用，并把自己的肖像印在销售手册、药品仿单上，突出本行的特征，便于患者就医、购药时进行比对，以防止因上当受骗而延误治病。

资料上说程翰卿在益康药号当过一段时间的经理，但当时许多在世的老药工对程翰卿曾任经理这件事都没有印象。益康药号一直开在春熙路，为成都本地百姓和南来北往的客人提供服务。

由胡天编著、何北衡题笔书名的《成都导游》第88页娱乐场所一栏，有一张益康药号老广告。该广告高73厘米，宽12厘米，内文简单，横写和竖写都是从右到左的读式：北平益康参茸国药庄是白木耳的老家，来蓉者请来光顾……

二十世纪六十年代中期，受改名风潮的波动，益康药号还改过一次名字。1969年印刷的成都电话号码簿上是“反帝北路成品药门市部”。益康药房历来门市店面不大，两边摆放的是从民国时期留存下来的老家具，中间立放宝龙货柜，展示如鹿胎、参茸、胶桂等高档药材。益康药号的库房及作坊设在联升巷，吃“大锅饭”时的食堂也在这里。因面积小，门市部没有搞中药配方，但地处黄金口岸，各种名贵高档药材及成品药甚是好销，生意兴隆。这一时期大活络丸、虎骨酒（老虎是国家一级保护动物，凡含有老虎骨成分的中成药，国家已明令禁止产销）、安宫牛黄丸等中成药存量有限，在益康药号专点供应。患者若病情需

民国时期曾任益康药房经理的程翰卿关于商标和肖像的启事残件（王大明收藏）

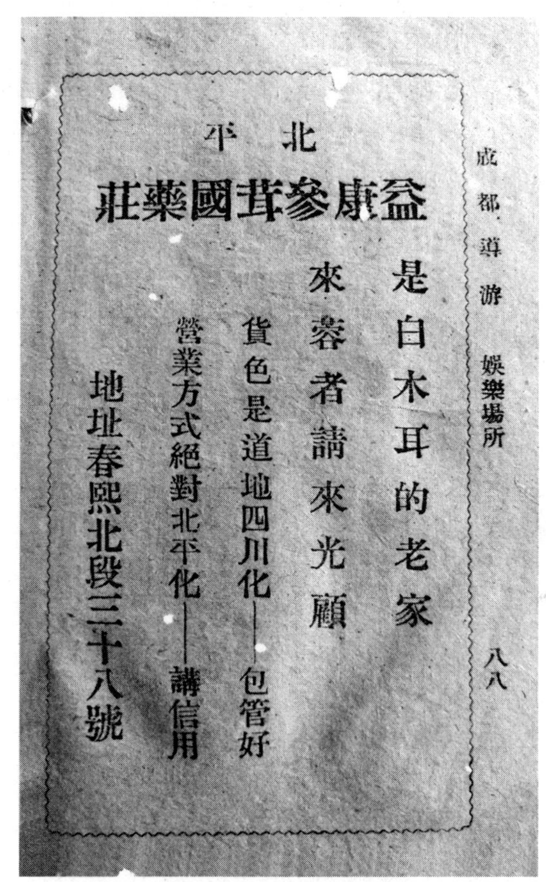

民国时期益康参茸国药庄在《成都导游》一书上做的广告，主要面向各地游客（王大明收藏）

要，还需持医生的正式处方到公司去购买。

二十世纪八十年代初，益康药号腾出空房调换给北京同仁堂，作为其专销京药的成都分店，分店营业员是从北京调派过来的，知识面和业务水平拔尖，他们说着京腔京味十足的普通话。由于北方的中成药是大蜜丸，不适合南方人当时的服用习惯，受众面相对较窄。还因地域经济水平差异，加之北方来的营业员远离父母，又不适应南方的生活及饮食习惯，多方面原因造成药品销售状况不太理想，双方的合同到期后再没有续约，同仁堂成都分店没开几年就关闭了。

民国时期由北方人开设的益康药号，在1956年公私合营后被收归到成都市中药材公司。改革开放之初又交由北方人经营的同仁堂成都分店，其后，益康药号又合并入四川德仁堂集团中。

泰三堂

位于成都暑袜街的泰三堂，原名泰山堂，始创于清嘉庆年间。其店堂为临街一排三间铺面，坐东朝西。泰三堂开班后就从未迁址，有两百余年历史。居中堂左右分挂悬之“以仁诚心”“保和太合”的立匾，横匾内“言无二价 童叟无欺”的黑底金字招牌。泰山堂自制传统中成药，对外加工丸、散、膏、丹药剂。信誉好而渐入佳境，不仅还清了开业初借的旧债，而且清道光六年（1821年）又在离此不远的冻青树街新开了分号——上全堂药店，指定张世琦当老板。上全堂极大地方便了康庄街、拐枣树街一带的患者。1956年公私合营的过程中，上全堂被交给了成都市东城区药材公司管理。一直到二十世纪八九十年代旧城改造前，上全堂仍在冻青树街正常营业。郭应光、宋天福是上全堂的最后一批老员工。

二十世纪三十年代泰三堂易主以后，生意萧条，业务一度陷入困境。民国二十一年（1932年），成都霍乱流行，影响面大，死者众多，四个城门每天出殡不计其数。泰三堂此时的“加料白痧药”应市，治疗霍乱显见奇效，由此经营困难的泰三堂靠一个赚钱的品种重新崛起。

泰三堂独门秘制“泰三堂珍珠眼药精（又名锡金眼药）”，选用上等金胆、麝香、海浮石、慈姑等药材配成，在老成都人的记忆中扎根。所谓“金胆”是指熊胆中的菜花胆，其色如黄金故名。熊胆中有金胆和墨胆之分，金胆为上乘之品，只这一味药的

泰三堂的老药工，第一排左起第三人为图片提供者卓敏

配方就足见泰三堂珍珠眼药精的珍贵。

泰三堂当年汇聚了一批技艺精湛、经验丰富的老药工。如见证成都医药变迁者之一，1949年后成为成都市工商联委员的聂鹤秋，原是打金街大顺堂的老板，专做鸡肝散而名噪一时。聂鹤秋调入泰三堂上班后，同老药工廖华君、刘子庄一直在成药柜卖成药直到退休。

天津市武清县乡下的李世珍在泰三堂退休，他过世后，当年同行王大明还远赴天津，带一笔单位送给他老伴的慰问金。此外，泰三堂还有位师傅叫汪巨川，汪巨川老家在汉中，1949年以前自陕入川，在成都城内各药铺间卖“样样货”。所谓“样样货”是指中药材的单个品种，比如陕西汉中出产天麻，就把天麻贩运到某地存放到堆栈，然后装一布袋天麻去各个药店兜售，若药店正好需要，则不拘数量买一些。二十世纪五十年代公私合营，这些懂行的行商也有很多被招聘成为药铺店员。

泰三堂老板为张竹波，在老药工印象里记得还有一个叫张衡芝的老板，二者是否同一个人已无从考证。公私合营后，王栋良、黄华光、夏治安先后都当过泰三堂门市部主任。

1948年起夏治安在成都市大安街俊昌药号当学徒，后来俊昌药号搬到东门大桥。1949年后夏治安去了同乐春药号。同乐春公私合营不久，夏治安同何素华、刘竹君被调入泰三堂。起初他们在生产房里搞中药炮制，生产房的陈庭华打粉碾面子，林跃荣做丸药（其传统的中药蜜丸、水打丸做得好）。林跃荣的老伴则被安排在北大街惠安堂药号后堂熬药，专门为附近医院及居民、临时出差来蓉因种种原因不方便熬药的患者服务。

泰三堂的药柜包括拦身柜等家具都是以前遗留下来的。左边

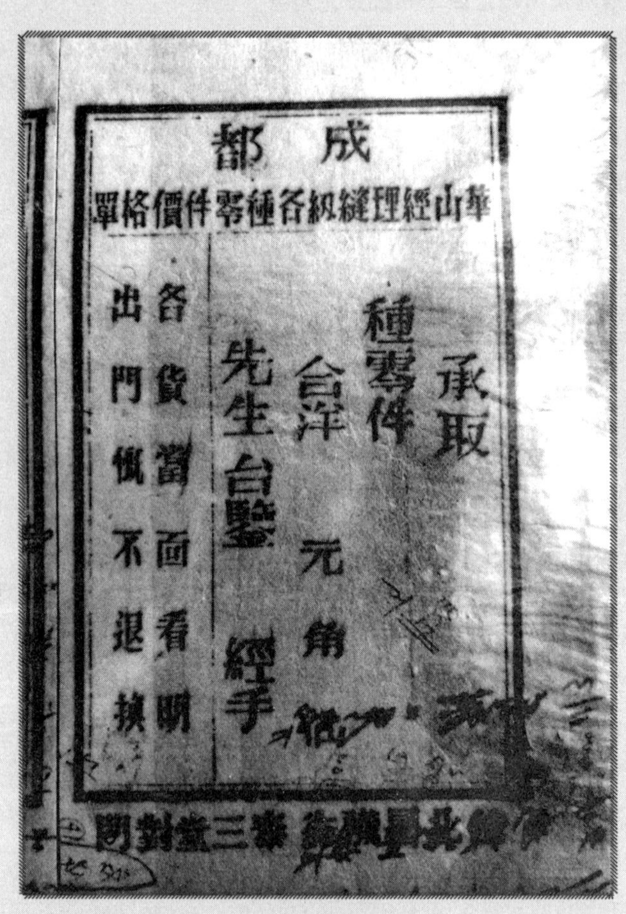

成都

華山經理縫紉各種零件價格單

承取

種零件

台洋　元　角

先生台鑒　經手

各貨當面看明

出門概不退換

[illegible]街泰三堂對門

民国时期的缝纫零件价格单，下面标有泰三堂的位置（王大明收藏）

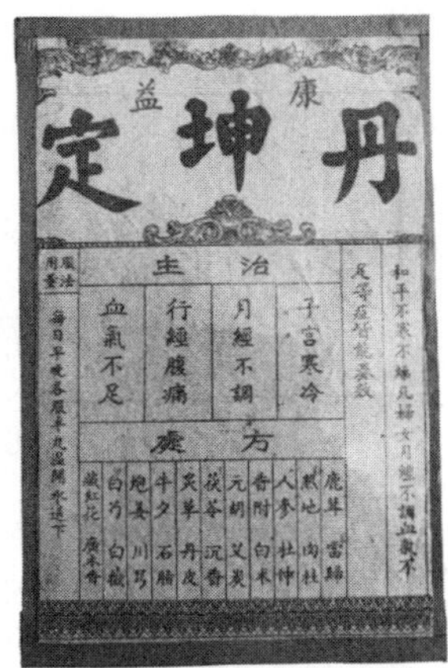

泰三堂的定坤丹，后由成都市医药公司工农兵制药厂生产（王大明收藏）

卖成药，右边是中药配方。抓好药后，捆扎成金字塔形状，附有红纸写的泰三堂熬药说明，格外显眼。收款员、划价员坐在高凳上，从玻璃窗洞接方、划价、收款，用牛角珠算盘计算。店堂内摆了几把从“彝好堂”药号买过手的根雕凳、江西景德镇的圆形瓷凳。穿过店堂进去是中堂天井，天井中央有一座小假山，占地面积为20平方米。四周摆满太师椅，靠背上都有雕花。二十世纪六十年代中期前后门店开会，几个兄弟店编为一个小组进行政治学习，把中堂作为会议室，还显得宽敞。

第三节
著名日用品老字号

太和号酱园

成都太和号酱园为百余年历史的老字号，创始人为江西抚州府金溪县胡氏，清道光年间胡氏来川候补县缺，却久未实授。见酱园生意好，便和两位同乡筹资1000两银子，在棉花街开设“元利贞”酱园，同乡回原籍后，改名“太和号”，由胡氏一家经营。太和号酱园是专门生产调味食品的手工作坊，老板善于经营，精通酱园中各门酿造技术，其太和号酱油、太和豆豉声誉度高。太和号原址棉花街，后又迁至正府街。公私合营后，太和号酱园成立，原来的制作工艺被传承下来。

太和号酱油和豆豉的原料以黄（黑）豆为主，经过挑选浸泡、蒸煮、加曲、发酵、灭菌等生产流程。两种调味品的使用量

1955年挂历上的成都太和酿造厂广告
（王大明收藏）

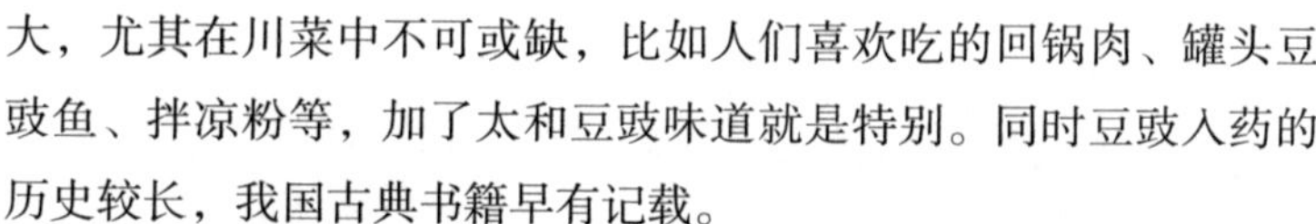

大，尤其在川菜中不可或缺，比如人们喜欢吃的回锅肉、罐头豆豉鱼、拌凉粉等，加了太和豆豉味道就是特别。同时豆豉入药的历史较长，我国古典书籍早有记载。

二十世纪六七十年代，隶属成都市蔬菜公司的太和酿造厂的产品，由专门的国营渠道市场，如人民商场、东风副食品商场、红光副食品商场、安乐寺中心菜市场以及密布成都大街小巷的干杂店、综合门市部包销，没有私人经营。而拉架架车，走街串巷，一路吆喝："打太和酱油、醋，买太和豆豉"的人是由厂或公司指定的专人。市民打酱油、买豆豉都是从家里拿瓶或碗，按家里需要买上一些。背着书包上学的小学生有时也摸出几分钱买豆豉，边走边吃，一直吃到学校。沿街叫卖的人拉着的架架车上是用竹编特制油篓子装的酱油。用来蒙住油篓子的是猪尿脬，经特殊工艺处理，制成非常耐扯的盖布，这种处理方法可能失传了。豆豉用蒸制的干荷叶包装。

那个时候，酱油、豆豉是成都城乡大众消耗量非常大的调味品，有人拿酱油和猪油拌饭，即常说的酱油饭；蕹菜杆炒豆豉，猪油渣炒豆豉，可能每个老成都人都吃过。邻里之间互借酱油、醋、豆豉、盐巴之类也是"家常便饭"。到成都来的乡坝头农民走亲戚，夹背里装几个玻璃瓶，顺便打点酱油回去，拿回家后还舍不得吃，要放到逢年过节才用。

⊳ 成都火柴厂

成都火柴的生产历史已有100多年，在九眼桥开办的官办惠昌火柴厂，是成都最早的火柴厂。

火柴是舶来品，很长一段时期，老百姓都习惯叫作“洋火”。清光绪末年（1908年），四川劝业道周善培认为外国火柴的侵入，其昂贵的价格使“民间日用消耗者众，岁费不赀”，于是租借外东九眼桥自塔寺侧的慈惠堂基地一段，修建厂房。1906年正式投产，定名“惠昌火柴厂”，完全是手工生产，专制红头火柴(黄磷火柴)。其官股由习艺所拨白银10000两，另招商股14000两，因矿务总局以该厂附有商股，对于购买黄磷、硫黄等物资多有不便，即由商矿局会同藩司矿务总局劝工局协商决定，由矿政局存保富公司余款项下提拨官银20000两交付该厂，除退还商股外，其余作为股本，改为全官办。该厂原属劝工局，因拨用矿政局款，随改归商矿局管辖，社会上习惯将惠昌火柴厂称为“官厂”。

惠昌火柴厂开工之后，产品质量却不能达标，一些火柴擦不燃，还有药头掉落等现象，主要原因是技术力量薄弱。为了使产品质量跟上来，厂里决定派人到日本去学习火柴生产技术。两年之后，由于改进了配方，火柴质量跟上来，受到市民的欢迎。1911年实现盈利白银10000两，第二年上半年也有5000两。当时的固定职工有18人，其他是临时工，多达300多人，这些人大多是计件工资，所得非常微薄。当时的制造机械简陋，生产效率低下，

二十世纪五六十年代，地方国营成都火柴厂的广告，当时有“和平牌”与“成都牌”两个商标（王大明收藏）

而且浪费很大。1924年，因租用慈惠堂场地的20年租约满期，在前将军周道刚、前政务厅长徐孝刚与督理杨森的协调下，惠昌火柴厂的全部厂房、器物一并交给慈惠堂，由慈惠堂总理尹昌龄接手，改名为“培根火柴厂”。

据资料记载：尹昌龄字仲锡，晚号约堪，祖世居郫县，祖辈来成都经商，遂入华阳县籍。他在清光绪十四年（1888年）中举后，先后在陕西白河、长安、商州、凤翔等地为官一任，民国时期致力慈善事业，民国十二年（1923年），担任慈惠堂总办。尹昌龄致力于慈善事业，慈善事业需要资金，没有经济来源难以坚持下去。他借钱筹资，办起了培根火柴厂。

培根火柴厂实质是慈惠堂旗下的实体分支单位，建立之后吸纳困难的群体作为工厂员工。其员工主要是居住在附近的贫苦居民，以妇女为多，也有一些未成年的女孩。当时的固定工达100余人，临时工多达300人。培根火柴厂扶持帮恤其工人谋生，还让工人们学习文化知识。培根火柴厂在建立后，加强内部管理，改进产品，所生产的火柴比外来的火柴售价低三分之一，深受市场欢迎。每年能够获利10000～20000元，除了少数红利作为员工的奖金之外，其余的都交慈惠堂使用。培根火柴厂的商标“娃娃牌”，是一个小孩端着碗吃饭。其后尹昌龄感到“娃娃牌”商标的含义没有体现出“善”之义，于是更名为“扇牌”火柴，画面为折扇一把，写有“厂中余利，专恤孤穷，若有私心，天地不容，以扇喻善，奉扬仁风”，这几句话是尹昌龄亲自撰写。

在尹昌龄主持慈惠堂期间，培根火柴厂的钱用来创办了培根学校、女婴教养所、民生工厂、幼孩工厂。民国二十五年（1936年），尹昌龄被委任为四川省赈务委员会主席。尹昌龄非常同情

二十世纪六七十年代的成都牌火柴与芙蓉牌火柴，均由地方国营成都火柴厂制造
（王大明收藏）

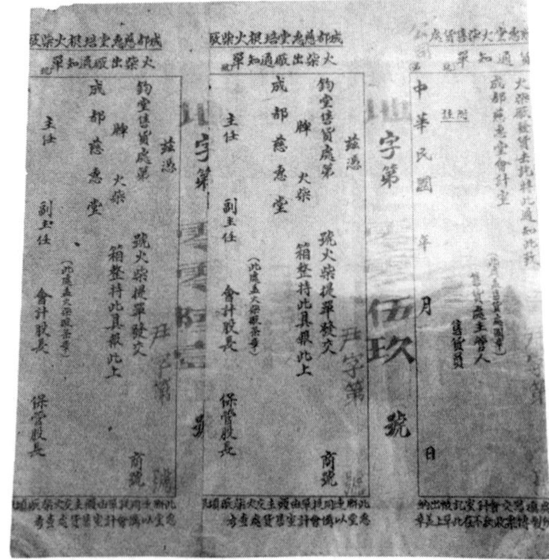
成都慈惠堂培根火柴厰
火柴出厰通知單

成都慈惠堂培根火柴厂的火柴出厂通知单
（王大明收藏）

二十世纪五十年代初成都市红光火柴厂生产的火柴（王大明收藏）

二十世纪六七十年代成都火柴厂生产的火柴（王大明收藏）

和支持革命，为当时的共产党和民主党派提供掩护场所，南充张澜、双流周烈三、绵竹王干青、彭县萧华清、内江陈元春等，都曾先后在慈惠堂工作过。1942年，尹昌龄去世后，家无余财办理丧事，只得由慈惠堂孤寡老人赙金主办。据黄稺荃撰的《国史馆馆刊》称，尹昌龄“弥留之际，以钥付其老妻，嘱之曰：‘必得后继者，以钥公畀之，他勿得启。’昌龄殁后百日，其妻集耆老故旧於堂，奉钥以授继任张澜、徐孝刚发之，得房宇管业证二十有七，计为房二百四十九间，又独院二十四所；田产管业证计八千三百四十八亩有奇，现金百数十余万。观者莫不耸叹感服。”

尹昌龄病逝后，张群、余中英按照尹昌龄生前遗愿，正式聘请张澜继任慈惠堂总理。张澜，字表方，即著名的民主老战士，1872年生于四川南充，1955年病逝于北京。1954年，张澜任中央人民政府副主席，慈惠堂就停止了运作。王干青，四川绵竹人，时任慈惠堂的总干事，兼任培根火柴厂厂长，临解放时被反动派抓捕，牺牲于成都十二桥，后被国家民政部追认为革命烈士。

中华人民共和国成立后，1951年3月，培根火柴厂与新生火柴厂合并，改名为“成都市红光火柴厂”，仍沿用小孩端着碗吃饭的商标；1952年8月，成都市企业局所属的协昌火柴厂并入，该厂改名为地方国营成都火柴厂。于1966年改名为国营成都火柴厂（王世雄，《四川最早的火柴厂》，火柴工业，2000年第二期）。1951年11月，根据成都市民政局指示，因原九眼桥培根火柴厂的地盘狭窄，周围人口增加又成了连片居民住宅，瓦片房、茅草房夹杂其中，一旦险情发生将“火烧连营”。因此，成都火柴厂搬迁到了沙河边的永兴寺，即现在东光小区旁的观音桥，成都最早社会福利企业培根火柴厂及老厂房就此走进历史。

刚搬到观音桥的成都火柴厂，四周还是田坝。工厂大门一高一矮，显得特别，大家称作“鸳鸯门”，门柱竖挂着厂牌。厂里吊着一块钢板，所有职工凭敲钢板的“钟”声上下班。成都火柴厂属成都市第一轻工业局领导，有制梗车间、上药车间、包装车间。

火柴的生产从刨皮、切梗、上药、包装出厂要十多个工序，还不算上拿到外面加工的火柴盒。火柴的制作需要木料，从蒲江拉回厂的松木，经蒸制、锯料，刨成层板，机器切成木梗，再进行烘干。蒲江松木供应不上的时候，还用过邛崍的行道树，后来从西昌采购木料，用火车运回成都。烘干后的木梗送入上药车间，通过机器链条盘转动，上石蜡，上药头。火柴头由最初的有毒黄磷红头升级换代为无毒赤磷黑头的安全火柴。

上了药头的火柴交包装车间，由临时工包装，先打小包后再

命名書

茲命名我厂

杨秀珍同志爲

九五七年　度

先進生产者

公元一九五八年四月　日

1958年成都火柴厂“先进生产者”的命名书（王大明收藏）

打大包，盖上检验章装箱。

二十世纪五十年代一张命名书上的杨秀珍就是包装车间的负责人之一。离火柴厂不远就是中国百货公司成都采购站的仓库，火柴直接送入仓库，由该单位包销。据1963年从星火皮件厂调入火柴厂的卢洪生回忆，工厂红火的时候，拥有包括200多名临时工在内的职工共400多号人，一盒火柴只卖两分，一直未提价，都能维持得下去，谈到成都火柴厂在2003年停产，他笑称自己是成都火柴厂的“末代掌柜”。

火柴盒上五颜六色的画片就是“火花”，火花收藏一度成为热潮。老成都人好多是在玩“火”中长大的，用自行车链条扣件做的撞击火柴头发出声响的玩具手枪；用自行车钢丝头、橡皮筋、铁钉、布条做的摔炮，也要用到火柴。从火柴头上一点一点抠下来的药粉，裹在装纸烟的锡箔里面，放在鹅卵石上敲击，会发出很响的声音。还有童年的游戏：一是同学之间玩用手夹住5根火柴变10根的“魔术”，当玩“魔术”的人不注意时，对方用火柴擦皮一蹭，火柴头燃起来，使之烫手丢之不及；二是火柴梗立于左手与火柴盒的擦皮之间，右手中指用劲一弹，火柴梗被点燃，射向对方，对方还击，称之为打“火仗”。

火柴易潮，揣在兜中易损，过去的成都百货商店、杂货铺有卖塑料或铁皮质的火柴包装外壳。现在极少用到火柴了，但它的一次次的光亮还闪烁在老成都人的心里。

ⓟ 成都胡开文笔墨庄

春熙路北段的“胡开文”，一是家有名的文房四宝老字号，以售徽墨为主，也兼卖一些中外新老产品。老品种如宣纸、湖笔、端砚，新品种如美国派克蓝墨水、上海的“WATERMAN”(船夫)。民国九年（1920年），一个叫李润伯的安徽商人带着一些文房四宝来成都贩卖。民国十三年（1924年），李润伯因同乡关系结识了当时著名的书法家方旭（字鹤斋），得到了方的支持，于是在青石桥创办了一家专营笔墨的商店，该店是当时成都市第一家文具店。李润伯与安徽的老胡开文约定，作为代理商专销老胡开文的笔墨纸砚等文具，并打“胡开文”的招牌。

成都胡开文店除自制之墨外，还保存有百年以上的陈墨，乃至明末清初詹正元、曹素功等的陈墨。这种陈墨，不但被书画界视为墨中珍品，而且对治疗流鼻血和“小儿白口疮”颇有效果。成都胡开文店还专办浙江吴兴(古称湖州)出产的湖笔，以及其他一些产地和品牌的名笔。笔进货到店，要加以整理，卖出去的笔并可在笔杆上刊刻顾客名字，如有毛病，免费修理，包掉包换。成都胡开文店还从安徽采办产于宣城的各种规格生、熟宣纸，用宣纸制作的艺术信笺、仿古册页、工艺纸张等很受欢迎。从北京荣宝斋采办各种宣纸，供应书画界。经销的砚台主要为端砚、歙砚等。从苏杭等地采办各种名绢、八宝印泥，向“大吉庐”采办各色珍贵画料，从北京采办刊刻精细的誉满全国的铜盒。由于商品精良，很受顾客尤其是书画界人士热捧，生意兴隆。

民国十三年（1924年），春熙路在当时的军阀杨森的主导下建成，民国十五年（1926年），“成都胡开文”便顺势迁来该路北段，不久，将青石桥老店停业。成都胡开文当时除供应各色齐全的书画用品外，还为金石、书画家代收润例，谢无量、盛光伟、郑曼陀、林吾墨、施孝长、姚石倩、周申甫、木鱼、陈亮清等都授权成都胡开文代收润例。1932年齐白石来成都，寓居在其门人王缵绪家，求齐白石书画者很多。由于成都胡开文店为齐老提供了方便，齐老还亲临店堂和该店人员亲切交谈，并作画留念。

民国十九年（1930年），成都胡开文店李润伯因同乡之约，转营瓷器，将该店牌号连同全部货品出顶与车语龙、李小臣、陈敬容、李韵南、汪梦僧等五人继续经营。抗日战争开始后，全国各地书画界名流先后流寓成都，对文房四宝需求增大，胡开文店更是兴旺，还增加了一些新式的文具。抗战胜利后，随着机关、厂矿企业陆续迁走，成都商业逐渐萧条，加之内战爆发，货币不断贬值，成都胡开文店业务也是艰难维持。1949年，店内改组，新入股的李纯煜被推选担任了负责人职务。

中华人民共和国成立后，1956年全行业公私合营，胡开文店分别纳入工业和商业系统，原有作坊人员转入墨水厂，由李纯煜负责，隶属文化用品公司，改名文化用品商店。

1962年，米建书市长根据党中央提高人民生活，发展传统专业商店的指示，恢复胡开文店招牌。采用王羲之字帖中的“胡开文”三字放大，并在春熙路中段开设胡开文笔墨专业店，专营文房四宝。朱德、董必武等领导人也曾来店里选购笔墨。二十世纪

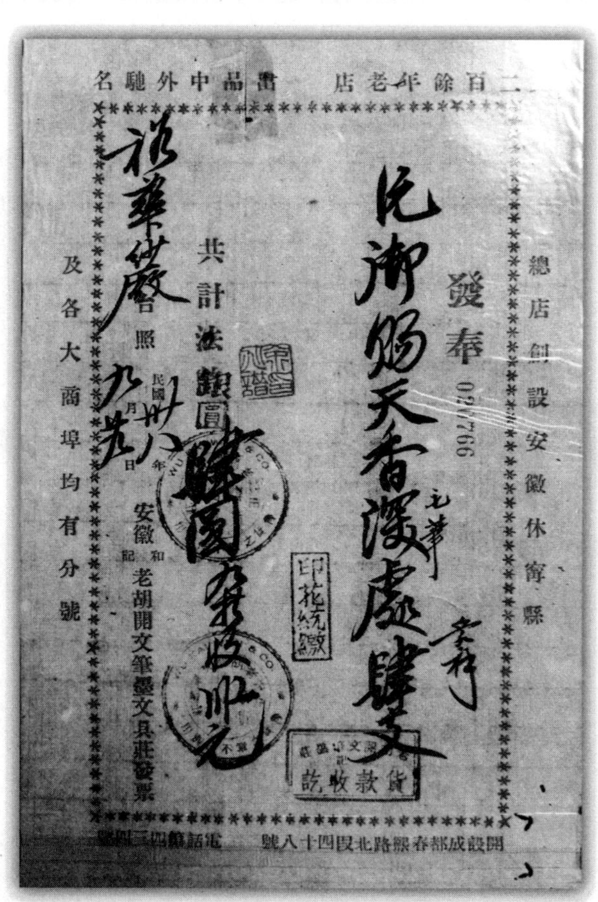
二百餘年老店 書品中外馳名

總店創設安徽休甯縣

發春 020766

共計法幣

民國 年 月 日 照

安徽 和記 老胡開文筆墨文具莊發票

及各大商埠均有分號

貨款收訖

開設成都春熙路北段四十八號 電話第四三四號

民国三十八年（1949年）9月，老胡开文笔墨庄为裕华纱厂开具的发票。上面有成都春熙路北段48号的店址、电话（王大明收藏）

2020年拍摄的位于春熙南段文化用品大楼的胡开文文化音体商场。随着时代的变迁，与以前的老胡开文笔墨庄时的面貌大不相同了（雷位卫摄）

六七十年代，改为文化用品商店。

1978年后，胡开文的笔墨业务逐步恢复。1982年，春熙路被列为商业中心的文明礼貌一条街。胡开文店才恢复了原来的招牌。

附：老胡开文印象记

在1946年至1948年之间，笔者两次买过它的文具，一次是1946年上半年，尚在青羊宫青羊横街读高小毕业班的我，某个星期天随父亲进城，专门买文具。当年老胡开文店面不太大，临街一道中门，两边是玻璃橱窗，洁净的店堂，四把雕花太师椅分列两端，椅子之间再置一台茶几，一溜长柜台后面总有一两位店员和账房先生或店主在此值守，见有买主（即顾客，当时习称买主）前来，特别是老买主光临，大都由店员奉上一杯热茶，甚至敬上一把苏白铜的水烟袋。那天，父亲刚一进店门，即受到热情接待，一边看座上茶，一边拱手寒暄。父亲浅尝一口后，将茶杯转递给我，走得口渴的我，不加掩饰地作牛饮状，当即一饮而尽。这是一种叫红白茶叶泡的茶水，价廉物美，汤色汤味双佳，市面上的商铺店家和居家人户大多置有一个圆滚滚的瓦壶或紫铜壶，外包裹一层厚实的棕包，所以又叫棕包袱，我在老胡开文一饮而尽的茶水就是来自这种棕包袱。期间店家还与家父饶有兴趣地聊着闲话，大人说些啥，我也未加注意，起身浏览起店堂陈列的文具。

临走前，父亲为我买了一锭古色古香带纸盒包装的香墨和大小楷毛笔各一支。墨锭与纸盒正背面都标有隶书“徽州老胡开文”和“松滋侯”金粉字样。那时把“松滋侯”这类徽墨称为香墨，是因为墨的成分为松烟、鹿胶、冰片，所以有香气，比较高级，而一般的墨锭多含牛胶，气味难闻，故称臭墨，又戏称“猪屎墨”。两支毛笔的笔杆上都烙有行草“七紫三羊”，不知是不是湖笔？何谓七紫，何谓三羊，原来七紫是土兔身上的上等毛，成紫色，用七成兔毛，所以叫七紫；三羊是羊子身上的上等羊毛，只用三成，故称三羊，合起来便是七紫三羊。毛笔杆上的题字本身就是一种文化，还有什么狼毫等，名目繁多。父亲还当着店主的面叮嘱我，以后就到这里来买文具，算是对店主的“褒奖”。

后来才知道父亲与店家交谈甚欢的这位长衫先生（长衫为当时的男性时装），曾任过父亲（曾是民国时期川军将领）的文书、军需之类，怪不得他们一见如故。

我第二次在老胡开文买文具是1948年，已是初中生的我，十分羡慕一种叫“WATERMAN”的蓝黑墨水，所谓蓝黑，即初写成蓝色，稍后即变黑色，且不怕水湿。这种上海制造带有香味的高级蓝黑墨水，虽然价格不菲，但我仍然忍痛买了一瓶，如获至宝，倍加呵护，小心使用，直到滴墨不存，空瓶也舍不得丢弃。

这种墨水外包装的纸盒以黄色为底色，纸盒下腰有条蓝色横线环绕，纸盒上标志着“WATERMAN MADE IN SHANGHAI”等英文，没有一个中文字。盒子里的墨水瓶也很考究，一是瓶子制作高级，绝无半点气泡，瓶体晶莹剔透；二是瓶体略扁成笆篓状，瓶底与瓶身下部成45º上倾斜，可置于桌面不倒，有利于钢笔汲取墨水，设计别具匠心。这种墨水的效果和影响已超过美国的派克纯蓝墨水，成为学生的崇拜物。

1950年3月，我参军到西康，除了携带极其简单的随身衣服外，那瓶已无点墨的空瓶子被我装满了食盐带在身边充作“牙膏”，为了携带方便，我特别为它缝制了一个小布口袋，将它套住挂在腰间，俨然一副老兵打扮，因为有的老兵腰间就别有一个黄色牛皮盒，里面装有小手枪子弹或防风镜。一路步行到雅安，后来我找到了一个黄色牛皮盒，把这个瓶子装在里面，刚好合适，多年不忍抛弃。

时光荏苒，几十年后，先后与两位见多识广的老学长聊起当年的墨水话题。赵振铎老学长除认同文前那些“瓦特曼”的细节外，还说当时的成城中学有位化学老师经过多达208次的实验，制造出名叫“208”的蓝墨水，质量也不错。而流沙河先生则饶有兴趣地忆述了“WATERMAN”（标准发音）的特征、特点及细节，更加印证和丰富了我的印象。流沙河先生还提到当时老胡开文有一个巨大的玻璃瓶子，里面贮满了蓝墨水，瓶顶安有虹吸管，便于输送墨水，很受学生欢迎，这算是中等消费了。要再省钱，只能买回墨水晶（粉）自己兑制。（文/王大炜）

成都墨水厂

成都墨水厂建于自来水笔（钢笔）日益普及的民国时期。最初的厂址在正东街45号附3号小院，主要生产墨锭、墨水。据相关资料，为山西人王登岐创办。其时，正值抗战期间，敌占区的机构、学校、工厂、难民纷纷来到大后方的四川。墨锭、墨水同其他物品一样需求量剧增，墨水厂得以生存了下来。

1956年后，公私合营，这家小型墨水厂成了集体所有制性质的成都墨水生产合作社。产品在很长一段时间里仍然是墨锭、墨水，这也是当时成都唯一一家专业生产墨锭、墨水的企业。

成都墨水生产合作社在1964年、1965年间招进了一批半工半读的学生。这批年轻又有文化的新工人加入，促进了墨水生产与销售。

墨锭、墨汁、墨水在生产中，需要使用开水。由于生产量增加，企业的烧水灶无法满足需要，这一帮刚招进的学工，挑起水桶来到方正东街22号的老虎灶挑开水，保证了生产之需。

锦江牌、成都牌墨水一直是该厂的主打产品，随着市场的需求，在单一的蓝墨水基础上，推出了黑墨水、红墨水等系列产品。在成都及川内市场，一直占有较大份额，而且价格适中，不堵笔，不褪色，质优价廉，广受大众欢迎。

随着时代的发展，社会对文具的需求增大，该厂又推出锦江牌蓝、黑、红复写纸和糨糊等产品。

二十世纪六十年代，由于铺天盖地的手写宣传品，墨汁的

成都墨水厂生产的峨眉牌蓝黑墨水标志
（谢光治收藏）

销路出奇的好。建起了办公楼，产品也向多元生产及文具方向发展。二十世纪七十年代初，成都墨水生产合作社更名为成都墨水厂，主要生产区也迁到方正东街58号原红旗塑料厂厂区。

随着产量的增加，大量需求装墨汁、墨水的玻璃瓶。墨水瓶由东城区联运司用上海牌三轮汽车从八里庄火车东站货场转运而来。由于量大，厂区院子堆放不下，更多的瓶子就放在45号居民大院，有时甚至放在45号大门附近街面。每天放学后，或晚饭后，街上的小孩总是相邀来到院坝，在堆满瓶筐的下面玩打游击、捉迷藏等游戏。幸好没出过事故。后来成都墨水厂注意到了

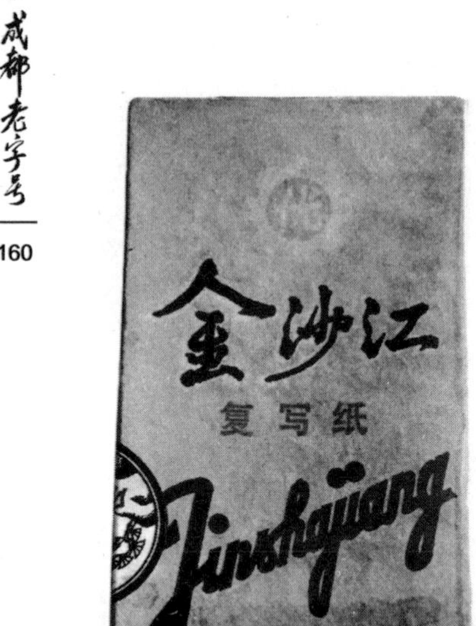

成都墨水厂生产的金沙江牌复写纸（谢光治收藏）

潜在的安全问题，于是安排几位院内的住户看护放在院子的货物。这样既减少了墨水瓶的损坏，也保护了孩子们的安全。墨水厂不仅给予看护人员的薪酬，后来还安排了几位看护人员进厂工作，成为该厂的正式工人。

进入二十世纪八十年代中期，由于在生产中有污染，且烧煤锅炉也难在市中区立足，成都墨水厂主要生产区搬往城外凤凰山。二十世纪末成都墨水厂在凤凰山的厂区整体卖给私营企业，城区厂房移交。作为集体企业的成都墨水厂不复存在。在方正东街58号的厂房移交，被市物价所接手拆除那天，成都墨水厂的几代工人陆续赶来，站在昔日自己的厂房附近，自发地向贡献过青春和汗水的厂房告别。

⊙ 廖广东刀剪铺——石柜台

"北有王麻子，南有廖广东"，是对我国一南一北两家刀剪老字号的赞誉。京都菜市口的王麻子剪刀源自清代，精美纸盒包装，可以当作馈赠礼品。成都廖广东刀剪铺创立于二十世纪三十年代，其刀剪很出名。外地人只要担东西上成都，乡民都要托付其带把廖广东刀剪回来。成都除廖广东刀剪铺而外，还有一家叫"烂招牌"的刀剪铺也很有名。

据巴蜀民俗专家袁庭栋所著的《成都街巷志》：廖广东刀剪铺，店主廖见初是石板滩客家人。另据其他资料：廖广东刀剪铺的老板和以"平清剿洋"川西义和团三杰之一廖观音的同宗同源。①

过去，成都手工业以家庭作坊模式为主，妇女们织袜纳鞋、刺绣、裁衣、缝补、糨糊纸制品，几乎手工活都会用刀剪，其市场需求量大。

春熙路南段往左的城守街49号，廖广东刀剪铺设总号于此。老成都以前的肉铺地上大都铺设红砂条石，避免湿滑。廖广东刀剪铺老号也采用红砂条石铺地并做成石柜台，石柜台上面磨刀方便，上边放的金属重品不会损坏柜台。

二十世纪四十年代廖广东刀剪铺又在春熙路北段开设了一个

①仲伟：《客家女"廖观音"：决战两任四川总督搅动晚清风云》，华西都市报，2018-2-18。

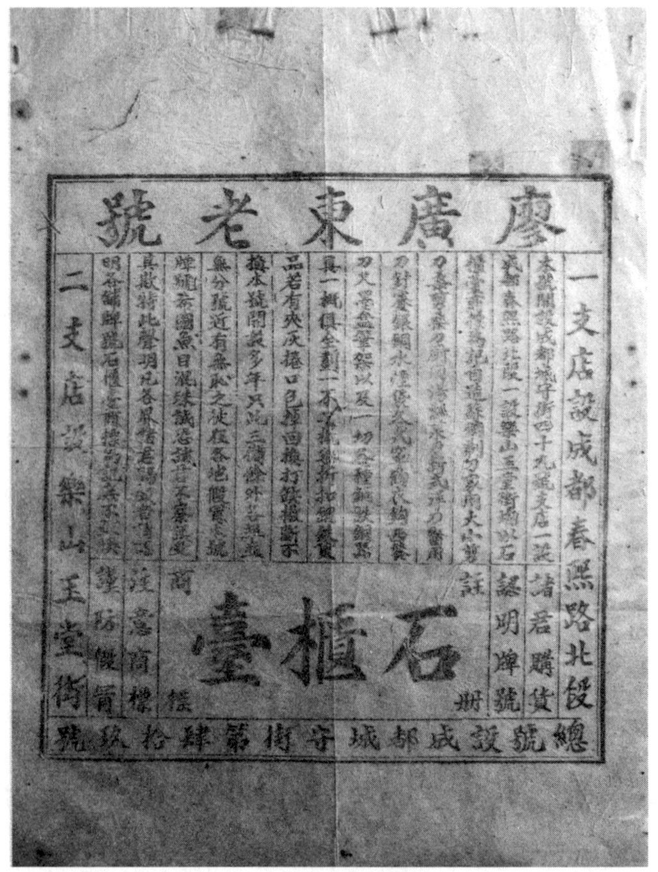

民国时期廖广东刀剪铺老号的广告
（王大明收藏）

分店。该铺还把生意做到成都城外去，在川南乐山的玉堂街开设了两个分店，两家分店同样使用“石柜台”商标。

与王麻子刀剪不同的是，廖广东老号的当家人本无打铁技能，他的刀剪卖品都是现钱收购得来，“贴牌”销售。成都自秦汉以来就有冶铁、生产铁制工具的传统，而遍布郫县、新繁、金堂等村镇的铁匠铺更是不计其数。过去，城内许多药铺使用的药刀都到铁匠铺去订制。郫县犀浦场一家私人作坊的药刀打得好，切药特别好使。刀剪能进入商业名街廖广东老号，供方当然乐意并引以为傲。而廖广东刀剪铺把收购而来的刀剪标上自已的商标，卖得快就赚得欢，合作久了有稳定可靠的供方作保障，因此供销双方形成紧密的商业“同盟”。

除销售大量的刀剪外，廖广东老号还自造或从外地购进苏白铜剃刀、桑剪用刀、厨用汤瓢、新式洋刀、医用刀针、银铜水烟袋，以及各式罩钩衣钩、西餐刀叉、墨盒笔架，等等，因质量可靠，概无折扣。钢铁货品若有夹灰卷口包调换。旧时平民百姓的生活，那些罩钩衣钩、西式刀叉之类，多数由有钱体面的人家用。这些打有“廖广东”记号的东西，能够保存到现在的都是收藏市场的抢手货了。

廖广东刀剪铺在二十世纪六十年代中期关停，其“石柜台”商标也走进了历史。

申新纺织成都分厂

抗战时期，国民政府内迁了沪、宁、汉等地的部分工厂。

四川是大后方，部分学校、工厂被国民政府内迁到四川的成都和重庆两大城市，申新纱厂成都分厂（申新蓉厂）为内迁工厂之一。

民国时期申新纱厂的厂牌（王大明收藏）

1950年，申新纱厂成都分厂的员工合影照（王大明收藏）

二十世纪五十年代公私合营成都申新纺织厂生产的四喜牌棉纱商标（王大明收藏）

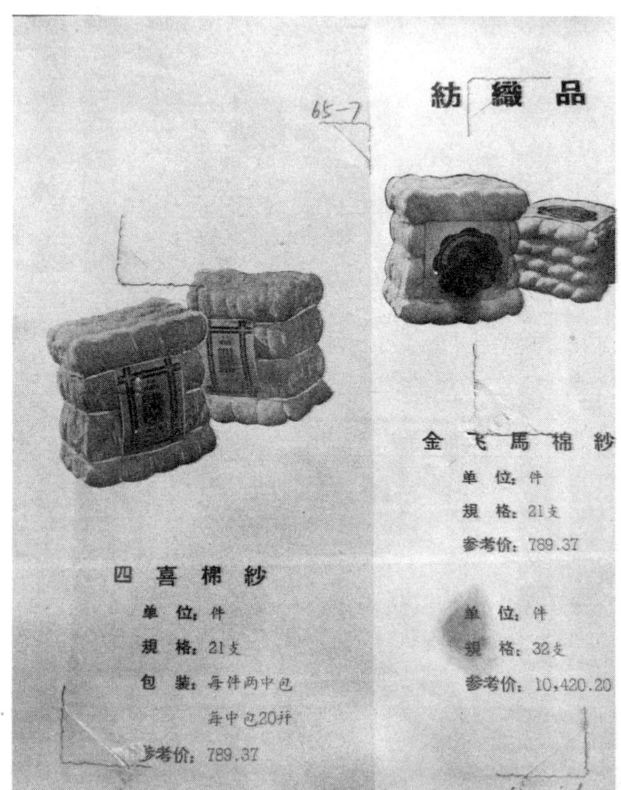

二十世纪五十年代，申新纺织厂生产的四喜、金飞马棉纱的产品介绍（王大明收藏）

据《成都大词典》记载，当时“申新”在汉口，名为上海申新第四公司，内迁时在宝鸡、重庆已有两个分厂。民国三十一年（1942年）申新纱厂在成都三瓦窑修建申新蓉厂之前，还在西沟头巷36号设置了申新四厂蓉庄办事处，负责选址、规划、建厂、调配纺织机器设备，对外联络，等等。

申新蓉厂建成后，拥有织布机60部，纺织工人600余人。其主要产品为规格21支的四喜牌棉纱；申新市布、锦江白布的规格为23s×23s，每匹长40米，宽0.91448米。还有供工矿企业生产工作服的劳动布，其产品辐射大西南区域的云、贵、川、藏。

三瓦窑旧时属华阳县的桂溪乡管辖，不仅拥有申新蓉厂，还有成都纺织专科学校、成都东方红绸厂（后和海南岛合作变成四川海蓉绸厂）。厂址周围还是大片农田。到了冬季，早晨这一片云遮雾罩，那些担粪出工、种庄稼的农民身影，在雾中若隐若现。

第四节

其他老字号

成都百货大楼

成都百货大楼于1953年建成。1953年，老皇城两边的市政府办公大楼、省机械冶金厅（局）的办公大楼、成都新华书店大楼、成都百货大楼等几乎同时开始建设。位于东御街与人民南路交会处的百货大楼，是拆除原三桥南街一带破烂平房修建起来的。那时打地基，还没有钢筋水泥的预制构件，用的是木质地桩，打桩方法更是原始落后，使用的是木架加滑轮的“土打桩机”，全靠人工操作，要花很长的时间才能把木桩打入地基。建筑工地一片繁忙，工人师傅们挥汗如雨，不时传出阵阵响亮的劳动号子。老百货大楼共3层，建筑属砖混结构，铺设的是木地板，在一楼能听到二楼顾客走路的响声。楼梯全为木质，硕大的砖柱

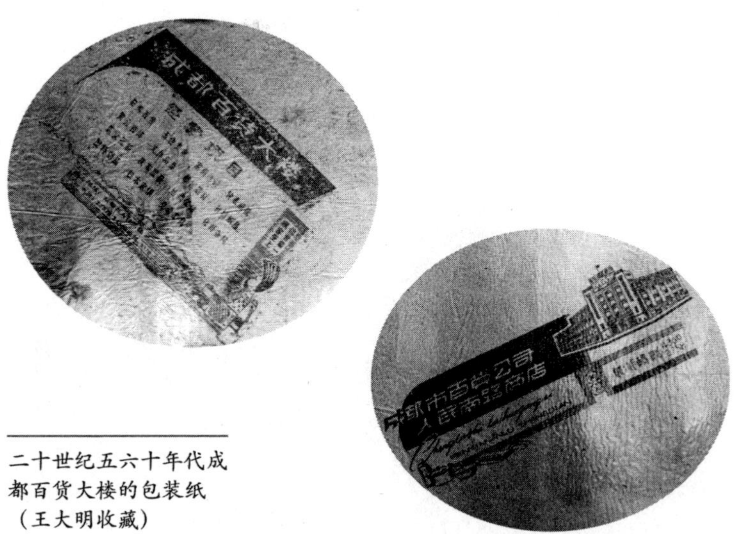

二十世纪五六十年代成都百货大楼的包装纸（王大明收藏）

门厅、门拱为仿苏式建筑风格。1954年大楼建成营业那天，人潮涌动，到了晚上，灯火通明，有些人即使不买东西，也要进大楼看看稀奇。

百货大楼在当时百货行业里属于经营品种齐全的大型零售企业。从日用品到文化用品、电器产品等一应俱全。二十世纪六七十年代，成都市知识青年上山下乡，百货大楼还被指定为凭通知书购买电池、肥皂、被罩、网兜、热水瓶的定点供应单位。

百货大楼的营业员戴浅蓝色的布围腰和袖套，胸佩“为人民

二十世纪六十年代成都东御街口的百货大楼旧貌（王大明收藏）

二十世纪六七十年代成都百货大楼的工作牌（王大明收藏）

服务”的红色工号布牌。大楼临街的玻璃橱窗，每天需要人工开关木板。开的时候，编好号的木板，集中靠墙根，用绳子系牢；关的时候要按编号的顺序。木板能起到防盗作用。1986年，大楼改建为5层建筑。2008年5月，天府广场和东御街、染房街改造，百货大楼被拆除，在原址重建了“百扬大厦”，“远东百货”入驻。以前，成都市民及外地游客购物必去百货大楼，去了总是喜欢背倚那栋标志性建筑照相，现在这些照片已成为珍贵的纪念了。

锦江宾馆

锦江宾馆建于1958年，当时被确定为向国庆十周年献礼工程，宾馆名由开国元帅朱德、陈毅亲自选定。修建时拆除了金字街、东桂街、纯化街的大片老房子及老南门以东一带古城墙，于1961年完工。锦江宾馆的修建得到广大居民的支持，拆下来的老房子房料被打上记号，移到城外另建。

设计锦江宾馆这座优秀建筑的是成都籍中国建筑大师、西南建筑设计院的徐尚志。锦江宾馆落成开业，集中了一批川内著名厨师和优秀服务员，融餐饮、娱乐、商务、会议、住宿于一体，它是接待领导人、外国政要和其他贵宾的重要场所，是当时我省最大的涉外宾馆。

锦江宾馆与锦江大桥浑然一体，成为成都市地标性的建筑。当年竣工时成都城区绝大部分还是老房子，当它和锦江大礼堂等一批现代气派的连片建筑呈现出来时，格外引人注目。每逢重大节庆，锦江宾馆被装点得灯火辉煌，倒映在波光粼粼的锦江水面上，非常迷人。其花园顶楼，登临其上，可远眺市容，美丽的蓉城尽收眼底。

1964年，国务院总理周恩来视察了锦江宾馆，也是这一年，锦江宾馆全景被首次搬上粮票，以后频频出现在四川省的大邑、金堂、蒲江、安县、江油、广元、资阳、沐川、乐山、峨边、洪雅、峨眉、成都各年版的粮票上，并且还广泛印刷于成都交通地图、电话号码簿、包装纸、年历、信封、明信片上，是成都出镜

二十世纪六十年代的锦江宾馆与人民南路街景（王大明收藏）

锦江宾馆筹建处工作证（王大明收藏）

二十世纪六十年代锦江宾馆与锦江桥，桥下还有不少游船
（王大明收藏）

最多的高颜值风景之一。1976年国家基本建设委员会建筑科学研究院编、中国建筑工业出版社出版的《新中国建筑》画册，将锦江宾馆和人民西路服务大楼收载其中。

锦江宾馆荣获首批中国世纪建筑遗产，列入成都市第八批历史建筑保护名录。它过去以高贵豪华气质让普通市民感到神秘。1969年至1979年曾改名东方红宾馆和东方红大礼堂，1979年又恢复了锦江宾馆的本来名称。现在锦江宾馆面向普通市民开放，其神秘感早已不在。该建筑经几次装修，但保持了原来的苏式建筑风格，历久弥新。

新华书店大楼

二十世纪耸立在人民南路广场（今天府广场）南端与百货大楼相对的新华书店大楼也是成都的地标性建筑，是成都的文化地标之一。新华书店大楼于1954年10月建成，每当节日来临，书店大楼与隔街相邻的百货大楼就披上节日盛装，在彩灯映衬下的格外醒目绚丽。在两楼之间金河桥旁，跨人民南路架起的节日牌坊，与街口对面的马恩列斯画像交相辉映，成为广场节日一景，是老成都人的“影像记忆”。

新华书店大楼共4层，是1949年后成都的第一座苏式建筑。作为成都新华书店人民南路门市部，多年来，广受读者喜爱。那时市民能到该大楼做营业员，是充满自豪的。

1960年5月，四川省文教群英会在成都召开。新华书店人民南路门市部作为成都市先进单位出席会议。首任经理王高嵩，带领他的团队获得市、省和国家级的多项荣誉。

二十世纪六七十年代的成都新华书店员工工作牌（正反面）（王大明收藏）

二十世纪八十年代的成都新华书店
（王大明收藏）

营业员也屡获殊荣，如曾忠玉是新华书店的业务标兵，曾获全国新华书店系统“蒙眼取书”人物。

1965年5月，新华书店大楼响应号召，抽调人员支援渡口市（今攀枝花市），筹建渡口市新华书店。兰汝芝曾任该店经理，为全国新华书店系统著名的“新华姑娘”。

1973年，新华书店大楼由成都市建筑勘测设计院设计，进行了扩建。那时市民家里的文学书籍很少，市民们有时就到二楼文

二十世纪八十年代的成都新华书店
（王大明收藏）

成都市新华书店

成都市新华书店发行网点简介

二十世纪八十年代成都新华书店的发行网店简介（王大明收藏）

艺书柜台“蹭书”看。

1977年10月，国家宣布恢复高考。此时，丢下书本10余年的众多考生，手上的复习资料奇缺。尤其是身在农村的广大知青考生，不要说复习资料，就是初、高中教材都没有。最着急的还是他们的家长，每天清晨，书店还没开门，人们就在书店门前，沿着西御街排起长长的队伍。各种复习资料和相关教材均在大家抢购之列。

1979年，“文化大革命”中冻结的中外名著，陆续恢复公开发行。购书的人从书店大门的两侧沿西御街和人民南路原金河桥头蜿蜒排起长队。开门营业后，营业部一、二楼更是人头攒动。

人民南路新华书店，作为行业标杆，开全国先河，实行开架售书，这是零售业的一个里程碑意义的新风。

1997年，成都市成立“人民南路广场改造建设指挥部”，拆除原广场周围的老旧建筑，人民南路新华书店大楼也属要拆之列，在原址建起“城市之心”大厦。建设期间，书店在省展览馆大楼前观礼台后的空地上设立临时卖场。2003年，位于“城市之心”大厦的天府书城正式开业。

成都人民南路新华书店创建于1952年，是1949年后成都市第一家新华书店。如果说，每个人心中，都有一家新华书店，那么，成都新华书店大楼则是成都人心中的重要的城市记忆。

“华美商店”

成都华美信托贸易商店，是一家专事收购、估旧、寄卖二手货的特种行业商店。旧自行车、旧手表、旧收音机、电子元件、仪表、照相机、旧衣服、旧五金工具、劳保用品皮货等，品种非常广泛。

以前的寄卖行、典当行大多是旧社会的当铺演变而来，与当铺的性质差不多。都是以寄卖或典当的物品来赚取差价。只是过去的当铺是利用典当人急于用钱的心理，收取动产和不动产作为抵押，向对方放债。当户大多是贫苦百姓，当价一般不超过原价的一半。赎当时须付利息，期满不赎，即为“死当”，抵押物由当铺变卖。中华人民共和国成立后取消了当铺。而像华美信托贸易商店这样的寄卖商店，是一种委托代售的贸易方式，寄卖商店和寄卖人是较为平等的关系，寄卖人委托寄卖商店卖出东西，要提供一个市场参考价格，如果双方都认可，才能成交。以前的华美信托贸易商店规模相当大，那时的人收入低，喜欢到店里购买旧的东西使用，如买旧衣服、旧自行车、旧收音机等，商店也赚取一定的利润。此种行业经估旧同业公会批准颁发营业执照，方可开张迎客，做生意的本钱自筹。

当年成都在这个行业做得有影响的除了华美以外，商业场的大都会、春熙路的华丰行等都很出色，成都有大大小小的这种商店不下100家，从业者在1000人左右。

二十世纪六十年代中期，国营成都华美信托贸易商店所在的

二十世纪八十年代的国营成都市华美信托贸易商店
（王大明收藏）

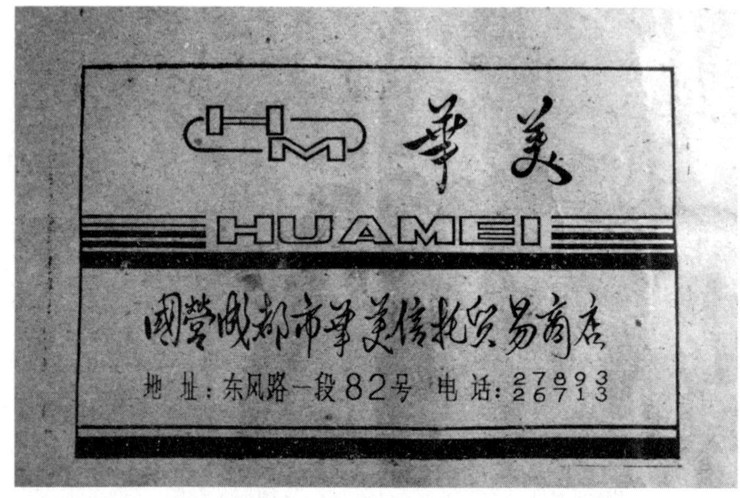

位于东风路一段82号的国营成都市华美信托贸易商店“广告”单（王大明收藏）

提督街改名东风路一段。二十世纪九十年代旧城改造热中，华美信托贸易商店被拆除，现在是卖电讯器材的锦阳商厦。

▷ 红旗剧场

红旗剧场的前身是智育电影院，而智育电影院的前身是群仙会。群仙会在民国初年（1912年）是公演川剧、京剧等戏曲的地方。观众坐在群仙茶园里，一边舒心地品茗，一边怡然地品戏。地处湖广馆街（现总府路）的群仙茶园与悦来茶园距离只有半条街，因此经常有相互争抢客源、暗地挖角等现象。

群仙会的古典风格建筑是1912年双流士绅带头集资修建的，入口处呈八字形的砖墙，墙上的砖雕内容是神话故事。川剧界许多著名演员如天籁、贾培之等都在群仙会演出过剧目。三益公建成后，群仙会改名为智育电影院，成为成都第一家有声电影院。1926年，一批成都去法国勤工俭学的学生，在学校学习水电建设、电影制作、放映和电机、电器的维护知识，留学归来后，其中的程子健、罗仲麒、邹昕楷、吴千臣合股投资智育电影院。邹昕楷是智育电影院的主要创办者。

成都自放映有声电影以来，由于过去与上海等地距离远、交通困难，经常放的是沪上已放映了两三年的老片子。尽管如此，电影院仍然满足了大众的好奇心，备受成都人的欢迎。当时除智育电影院放映有声中外影片外，还有新明、中央、国民、昌宜等电影院。每日均在中午11点半、午后4点至6点开始放映。票价高者二三十元（法币），低者十余元。

智育电影院因崇尚“启迪民智 辅助教育”的宗旨而得名。影院大门横额上写着“智育电影院”几个大字，电影院内设楼厢、

上图为民国时期的智育电影院大门，下图为智育电影院的门票
（王大明收藏）

上图为红旗剧场的门票，下图为成都市食油票上的红旗剧场
（王大明收藏）

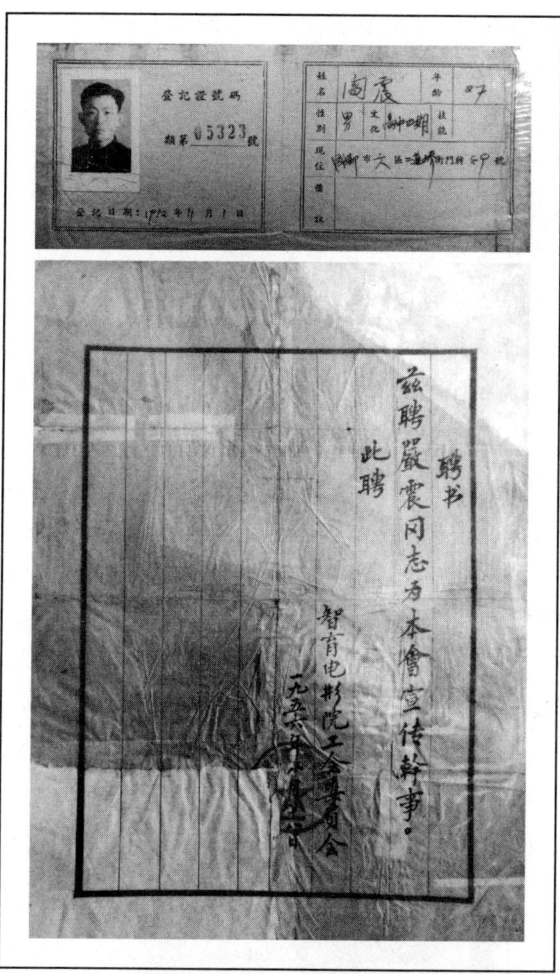

登記證號碼

類第05323號

登記日期： 年 月 日

姓名	嚴震	年齡	
性別	男	文化	技能
現住			
備註			

聘书

兹聘嚴震同志为本會宣传幹事。

此聘

智育电影院工会委員会

二十世纪五十年代智育电影院聘请的专画电影海报的专职美工（宣传干事）——严震的工作证和聘书（王大明收藏）

堂厢和观众座位1200个。抗战胜利前夕，放映的电影有天方的《天方夜谭》《泰山得子》《三笑姻缘》及美国西部的打斗片，还有《出水芙蓉》等。打开了市民的眼界，丰富了市民文娱生活。一旦智育电影院有新的影片放映就引得市民纷纷追捧。加上此地紧靠劝业场（今商业场）和商贾云集的春熙路，门前经常是人山人海，热闹非凡。

1950年国庆期间，智育电影院还放映过成都第一部解放区影片《百万雄师下江南》纪录片，配合成都庆祝中华人民共和国成立一周年活动放映《中国人民的胜利》文献巨片，以及配合志愿军入朝作战放映相关的纪录片。智育电影院经过1956年公私合营化，一直到1959年因危房原因，于当年10月23日停止放映电影。而拆除电影院，在原址修建红旗剧场应在二十世纪六十年代初。

红旗剧场现代气派，成都歌舞团就在剧场后面，除放映电影，另外还上映话剧、歌舞剧之类，成为重要的文化娱乐场所。曾在此首演过成都歌舞团排练的芭蕾舞剧《红色娘子军》。此地曾展销和拍卖过名人字画。二十世纪六十年代中期，红旗剧场也经常召开斗争会、批判会、学习会。改革开放年代，红旗剧场临时摊位出租给小商贩。二十世纪九十年代初，红旗剧场被拆除，地处黄金地段的文化地标，令人惋惜地画上了休止符。

暑袜街邮政大楼

成都暑袜街，在周围很多高大的现代建筑“丛林”中，还保留着一栋民国时期风格的老建筑，这就是著名的成都邮政大楼，在成都人的心目中，它也算鼎鼎有名的“老字号”了。它的历史，说来话长。

清光绪二十七年（1901年）12月24日，“大清邮政分局”在成都正式营业，这是当时四川继重庆、万县、宜宾后开办的第四个邮局，也是成都现代邮政的起始。从1902年开始，主持成都邮局的外籍邮务长共15任，另有一些英国、法国、瑞士、俄国的雇员。

暑袜街包括暑袜北街、中街和南街，暑袜北街又分为暑袜北一街、北二街和北三街。跨越清末民初和人民邮政三个时期的成都市邮政局，就坐落在暑袜北一街。

暑袜街有不少冬天卖毛袜、夏天卖灯油布袜的商店。灯油布袜又名云绸袜，质地细腻，轻巧凉爽，价格适中。又因川西天气暖和，夏袜穿的时间较长，因此街名便叫暑袜街。清末机织洋袜入境，袜铺逐渐倒闭，至辛亥革命前已荡然无存，街名讹传为水花街。民间传说附近三义庙有一眼水井能通大海，井内常冒水花，故名水花街；还有的说是“暑袜”读走了音，成了水花街。

清光绪二十二年（1896年），中国海关税务总办、英国人罗伯特·赫德奏请清廷批准开办“大清邮政”，他任邮政总办。清光绪二十七年（1901年），赫德派汉口邮局杨开甲入川开办邮务。杨在成都经过一段时间筹划，“大清邮政分局”终于正式营业。

刚在成都开办的“大清邮政分局”职员不过三人：杨开甲担任供事，襄助局长工作；朱蒲生任营业（窗口服务）；曾福任投递。每周发重庆邮件两次。次年春天，英国人纽满奉命来蓉主持局务。

此前，成都人对于较远的信件习惯找“麻乡约”民信局，对于较近处的信件则托熟人捎带。邮局开设之初，市民不知邮局为何物，业务清淡。杨开甲等在邮局门口用铁皮喇叭喊话，宣传邮局可以寄信。但交信者寥寥，有时全天只卖出一分邮票。后来人们慢慢懂得，邮局和东大街的“麻乡约”差不多，都是为人寄信寄物的，业务才有所发展。

由于风气闭塞，有市民以为邮局是卖油的，到邮局买清油的人不在少数。中坝（今江油）油行甚至以为邮局是垄断清油生意的机关，于是全行业拒绝向邮局出售清油，以示抵制。绵竹县知县居然于邮局开张第三天派衙役查封邮局，邮局人员被迫迁住旅店。消息传到省会成都，成都邮局邮务长纽满到四川总督府向总督赵尔巽交涉，赵立即下令绵竹启封。

清光绪二十七年（1901年），在大清邮政分局成都开设后，其间几度易名，先称四川邮政总局、四川邮务管理局，后又分东川、西川两邮区，各设邮政管理局。成都邮局及川西很多邮局的开办者是杨开甲先生，后来他还担过任成都华西协和中学校长。杨开甲的形象是中等身材，穿白色西服，头戴康克帽，手拿司的克（手杖）。他字少荃，来成都前是汉口邮政局的“洋文供事”，实际上是担任翻译的高级办事人员。

清光绪时代的成都，交通困难，风气闭塞，没有邮局和正式书局，街上偶有的《申报》《时报》《万国公报》等，都由加拿大传教士和傅樵村自上海运来出售。官方信件由驿站传送，民间信件则赖大帮信行运递。杨开甲偕夫人长途跋涉抵成都后，觅旅店暂住，立即着手邮政局的筹备工作。最重要也最困难的是租赁一所适当的营业用房，当时成都虽不乏房屋招租，但邮政上级对租赁民房有种种规定，如不愿先交押金，房屋位置须在商务繁盛的区域，租金不得过高，等等。

这段时间正值八国联军入侵后，四川人深惧洋人势力继续延伸，有人说邮政是外国人办的，是外国机构，又见杨开甲的装扮又像洋人，受排外情绪影响，市民有房也不出租，或婉言拒绝。杨开甲人地生疏，向县长求助都无效。经过两个多月奔波，终于在小什字街——今暑袜北街与兴隆街（原海会寺）交会处，租得一所公馆，劝说并招收两人投身邮政工作，正式开设成都邮政局。第二年，重庆邮局助理邮务官英人纽满奉调来成都当邮务长。杨开甲赴川西、西康一带开办邮政，1903年升任省邮政视察员。

继英国人纽满之后的36年里，先后来成都邮局的有英国、意大利、法国、瑞士、俄国及印度等国籍的洋员32人，英国人居多。他们有的之前是传教士、军人、商人和司机。邮务官的月薪比省长还高。

二十世纪二十年代初，在暑袜街、海会寺、九龙巷、布后街一带，人们早晚常见一抬四人拱竿大轿，前面两排穿着印有“邮”字外衣的亲兵大声开道，吆喝行人让路，四名轿夫穿着印有“邮务长”字样的号衣，大步前进，轿中端坐着1919年由北京

二十世纪九十年代成都暑袜街老邮政大楼前的街景（王大明收藏）

派来四川当邮务长的英国人罗思。有人为此写了一首竹枝词："一双蔗棍轿前催，曲巷回过喊如雷。更有双鞭前叱咤，威风扬起满城灰！"

意大利人克法理络1933年至1937年出任西川邮政管理局局长，是1902年纽满主持成都邮政以来最后一位外籍局长，也是15任洋局长中除纽满外任期最长的。克法理络50多岁，又矮又胖，能说流利的中国话，背地里大家叫他"克太婆"。据当时传说，克法理络有很多"洋名堂"，其中最离奇的莫过于租老婆。和他住在一起的老婆就是租来的，而且订了15年长期租约。这个老婆也是意大利人，年近50，体态匀称，金色卷发，穿着时髦，雍容华贵，大家都喊她"洋婆子"。在局长公馆经常举行的宴会上，她以女主人身份出现。

克法理络有一个监视守夜人用的洋钟，表面上看和普通钟没什么不同，可每个数字下面却有一个指头大的小孔，钟面下有一块自动控制的底板，守夜人必须在每个小时正点时将手指伸进小孔，在底板上按一个指印，作为按时值夜的凭证。第二天，他查看底板上的指印，对守夜人值夜的情况便一清二楚。

克法理络每月月薪500大洋，比月薪只有12元的一般工人高40多倍。他全家4口住专门配置的宽敞公馆，有花园、池塘、球场等设施，坐落在离暑袜街局房不远的布后街2号（后省文联所在地）。还为他雇有门卫、厨工、车夫、花匠、清洁工和打更匠7个勤杂人员。

克法理络的公馆停着一部小汽车，专门用于去飞机场接欧亚航空公司由上海运来的白兰地和各种名贵水果。欧亚公司的飞机一到成都，先要在他公馆上空转一圈报信，他立即派车夫去取。

他还有一部私包车，从布后街到邮局所在的暑袜街不过两条小街，但他上下班经常坐，由一个身穿绿褂背心、缀着“邮务长”三个红字的车夫拉着。

随着业务发展，小什字街的房屋不够用，邮局逐渐向附近的海会寺寺庙和相国祠扩展。1933年9月20日下半夜突发一场大火，烧毁了大部分局房。火源起于公件房，毗连的邮务长办公楼、会计处和会计长办公室以及外文秘书处洋楼全部烧光。

邮政总局决定在废墟上重建邮政大楼，但耗资巨大。交通部几经筹措仍无结果，最后只得在美国的“麦棉借款”中拨了一部分作修建费用。1935年3月6日正式成立建筑委员会，3月27日隆重举行新局房奠基典礼，交通部次长俞飞鹏专程前来，西川邮政管理局局长克法理络与本地业务股股长（相当于副局长）林卓午等参加。

新楼房于1935年3月28日正式开工，由加拿大建筑师莫理逊和叶镕清负责设计与指挥，以建筑费用总额的15%为酬金。1937年底大楼建成，全部费用达银圆40万元。这幢砖木结构的邮政大楼占地近7亩，建筑面积6061平方米。奠基石系来自龙泉驿的坚硬石条，基础下挖很深，地板下铺埋油毛毡，房顶有风火墙防潮防火。红瓦之间用买自上海的铜丝串联，门窗楼板用珍贵楠木、红松制成，木料全部蒸煮处理。大楼在成都第一次使用铁质窗，安装高级玻璃，砖缝用糯米黏结，内部安有壁炉、烟囱和当时少见的抽水马桶、抽水机。办公室内有脚铃，门上饰有铜板汉隶金字“随手关门”。当街中间旗楼为四层，其余一楼一层。建筑的考究、气派，在二十世纪三十年代的成都很少见，成为古老城市的现代化标志之一。

大楼竣工于抗战爆发之际，后来日机频频轰炸成都，大楼处于轰炸威胁之下。据有关消息，敌机飞抵龙泉驿就能望见邮政大楼的红瓦。为避免给敌机提供目标，邮局将所有红瓦刷成灰黑色。中华人民共和国成立后，1950年11月15日成立成都市邮政局。

经半个多世纪风雨剥蚀，由红变灰黑的楼瓦呈既不红不黑或红黑相间的色泽。二十世纪五十年代，大楼门窗及护栏上的铁件大部分曾被拆卸去炼钢，营业柜台上的铜质雕花护栏也未能幸免。

2001年3月15日，成都市政府公布首批22处建筑为成都市“文物建筑”，第五号即为暑袜街老邮政大楼。

后记

经历了近两年的准备，《成都老字号》终于和广大读者见面了，这是值得欣慰的一件事。实际上，为成都的老字号做一本书的愿望由来已久，多位成都收藏家藏有不少老字号的老照片、老广告、老包装，甚至是老产品。各种实物琳琅满目，极具历史感的场景，以及图案、花纹，一下就能把人带到过往。与成都的老字号重新相遇，那种惊喜是难以言喻的。于是在大家的建议下，有了把成都老字号的内容结集成书的想法。而突破口就是从这些实物入手，探寻它们背后的故事，结合历史资料与老成都收藏家们的亲身经历，力求还原老字号原来的样子。这个想法得到了四川大学出版社的支持，在社领导的关怀与责任编辑辛苦统筹下，该书得以顺利出版，可以说是为成都的商业文化史增添了一页新的内容。

成都作为西南重镇，早在古代，商业就相当繁荣，在近现代，春熙路、总府路、东大街等街道，商铺林立，生意兴隆，涌现了众多老百姓认同的老字号。然而随着时间的推移，社会的变迁，老字号或改制，或关停，老一辈人逐渐远去，不但一般的市民已经不清楚老字号的来龙去脉，就算是不少老字号的员工，对其历史也可能是一知半解。因此，尽一份心力保留下一些老字号的“痕迹”，是很有意义的事情。这次《成都老字号》的作者，都是长期致力于老成都文化挖掘整理和研究的人，《成都老字号》出版的事情一经敲定，王大明、谢光治、王大炜几位老师就行动起来，搜集相关资料，撰写成稿。

在这一过程中也遇到了不少问题，首先是缺乏创始人的第一手资料，其次是很多老字号传承存在断代的现象，部分相关人员的“口述史”也有一定出入……另外，在遴选入书的老字号时，也颇费思量，如比较明显的茶楼、茶铺老字号，因多方原因，这次就没有收进，确实是一种遗憾，希望以后能够以专辑的形式，给读者呈现出来。

《成都老字号》中各种关于老字号的老广告、老包装、老商品等的照片非常精美，成为全书的一大亮点，这些大多出自王大明老师个人“压箱底”的收藏。书中关于老字号的内容，除韩包子、成都墨水厂、成都新华书店由谢光治撰写，老胡开文笔墨庄、署袜街邮政大楼由王大炜撰写，第一、二章以及耀华餐厅由雷位卫撰写，其余老字号的内容均由王大明撰写。

《成都老字号》被纳入四川省社会科学规划项目（普及项目，编号SC18KP027），但其并非严谨的研究论著，而是城市文化读本，书中所提到的老字号，不仅仅是被各级政府部门或行业协会认定的老字号，还有一些是市民心目中“约定俗成”的“老字号”。读者在阅读时可以参看其他专门资料，能收到相得益彰的效果。书中可能还存在这样那样的疏失和谬误，望读者批评指出。本书中的老照片，除供图者自摄之外，部分为收藏者长期搜集、珍藏。因老照片的特殊性，一些原作者无法考证和联系。希望相关权利人在见到本书后，能与我们联系，以奉稿酬。

感谢四川大学出版社各位领导的关心支持，尤其是社长王军先生，项目负责人、总编辑邱小平女士，责任编辑曾鑫先生的辛苦付出，感谢一直以来热心于老成都文化的各位研究专家、收藏家等的大力支持和帮助。感谢作家朱晓剑，成都市民俗文化研究会秘书长喻峰，成都善可为社会组织发展中心理事长张林对本书的支持。

感谢卓敏、王德正、肖兰、李素芳、陈文等为本书编撰提供的热情帮助。

2020年5月5日

参考文献

傅崇矩.成都通览[M].成都：巴蜀书社, 1987.

成都市地方志编纂委员会.成都市志·商业志[M].成都：四川大学出版社，1996.

曾智中,尤德彦.李劼人说成都[M]. 成都：四川文艺出版社，2007.

高枢年.中国市场大观丛书·成都市场大观[M].北京：中国展望出版社，1985.

成都市文化局. 江山多娇丛书·锦城成都[M].上海：上海教育出版社,1981.

成都市群众艺术馆.成都风物[M]. 成都：四川人民出版社,1982.

政协成都市委员会文史学习委员会.成都文史资料(第三十二辑)[M].成都：四川大学出版社，2002.

政协成都市锦江区委员会学习文史委员会.锦江文史资料(第一~八辑)[G]. 政协成都市锦江区委员会学习文史委员会,1991.12~2004.1.

四川省政协文史资料委员会.四川文史资料集粹第三卷·经济工商编[M] 成都：四川人民出版社，1996.

中共成都市委党史研究室、中共成都市委统战部. 中国共产党历史资料丛书·中国资本主义工商业的社会主义改造（四川卷成都分册）[M].北京：中共党史出版社，1992.